Himmlisch vegane Desserts

Für Doris Fabry,
die niemals einen Gast ohne Essen
wieder gehen ließ.

Danke für alles, Mum.

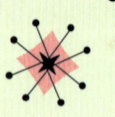

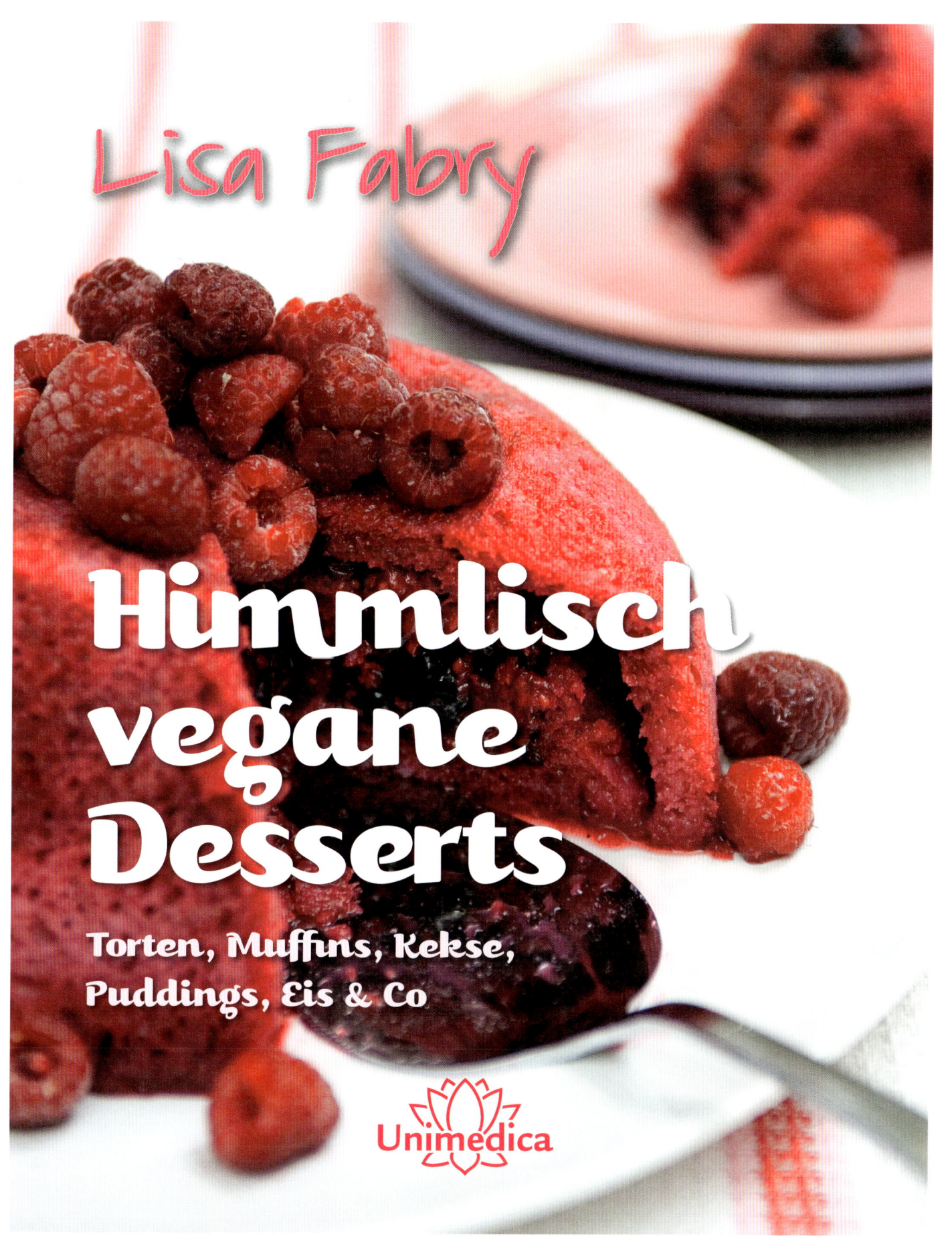

Impressum

Lisa Fabry
Himmlisch Vegane Desserts
Torten, Muffins, Kekse, Puddings, Eis & Co

1. deutsche Ausgabe 2013
ISBN 978 3 944125 18 3
© 2013, Narayana Verlag

1. englische Ausgabe 2012
Divine Vegan Desserts © Wakefield Press, Kent Town, South Australia
Fotografien von Heidi Linehan

Übersetzung: Andrea Teltemann

Herausgeber:
Unimedica im Narayana Verlag GmbH, Blumenplatz 2, 79400 Kandern
Tel.: +49 7626 974970-0
E-Mail: info@narayana-verlag.de
www.unimedica.de

Alle Rechte vorbehalten. Ohne schriftliche Genehmigung des Verlags darf kein Teil dieses Buches in irgendeiner Form – mechanisch, elektronisch, fotografisch – reproduziert, vervielfältigt, übersetzt oder gespeichert werden, mit Ausnahme kurzer Passagen für Buchbesprechungen.

Die Empfehlungen dieses Buches wurden von Autorin und Verlag nach bestem Wissen erarbeitet und überprüft. Dennoch kann eine Garantie nicht übernommen werden. Weder die Autorin noch der Verlag können für eventuelle Nachteile oder Schäden, die aus den im Buch gegebenen Hinweisen resultieren, eine Haftung übernehmen.

Inhalt

Einleitung – Himmlische Desserts 1
Vegane Backzutaten 9
Die Kunst des Backens 23
Tipps für erfolgreiches Backen 24
Abkürzungen 25

1. Torten und Kuchen 26

Tipps für einen gelungenen Kuchen 28
Real Food Daily, Los Angeles, USA 30
Doppelstöckige Schokoladentorte mit Himbeermousse von *Real Food Daily* 33
Kaffee-Walnuss-Torte 34
Möhren-Gewürz-Kuchen 37
Coox & Candy, Stuttgart, Deutschland 38
Schoko-Nougat-Bananen-Erdnussbutter-Torte von *Coox & Candy* 41
Saftiger Früchtekuchen 42
Haselnuss-Cupcakes mit Mokkacremefüllung 45
Schokoladentorte 46
Vital-Kuchen 49
Schwarzwälder Kirschtorte 50
Drei Arten von Vanillebiskuit: Grundrezept, weizenfrei, glutenfrei 53–55

2. Leckereien zum Tee 56

Las Vegan Nirvana, Melbourne, Australien 57
Las Vegan Sauerkirsch-Muffins 59
Schoko-Pekannuss-Brownies 60
Steves Haferschnitte 63
Zimt-Apfel-Rosinen-Muffins 64
Anzac-Kekse 67
Mandel-Zitronen-Cantuccini 68
Englische Scones mit Konfitüre und Sahne 71
Schoko-Mandel-Karamell-Schnitte 72
Chocolate-Chip-Cookies 74
Energiebündel-Riegel 75
Hochzeitskuchen 77

3. Pies und Torten mit Mürbeteig 78

Mürbeteige - Übersicht 79
De Bolhoed, Amsterdam, Niederlande 80
Holländische Apfeltorte »*De Boelhoed*« 83
Siruptorte mit Walnüssen 84
Fruchtpasteten-Pies 87
Ungarische Käsetorte 88
Tushita Teehaus, München, Deutschland 90
Houjicha-Nougat-Torte von *Tushita Teehaus* 92
Tarte Tatin 95
Baklava 96
Pfirsichtörtchen 99
Eccles Blätterteiggebäck 100

4. Cremetörtchen, Tiramisus und Käsetorten 102

Revel Cafe, Auckland, Neuseeland 103
Mitternachts-Schokokuchen von *Revel Cafe* 105
Käse-Zitronen-Torte New Yorker Art 106
Limettencreme-Törtchen 109
Schokoladentorte mit Beeren »Hello Daddy« 110
Tiramisu 113
Zitronen-Himbeer-Trifle 114
Bananen-Karamell-Törtchen »Banoffee« 117

5. Englische Puddings 118

Vegetarisches Landhotel Lancrigg, Lake District, Großbritannien 119
Feigen-Mandel-Pudding *nach Art des Hauses Lancrigg* 120
Sticky-Date-Pudding mit Karamellsauce 123
Englischer Brotpudding 124
Kokos-Reis-Pudding 125
Pflaumen-Pekan-Crumble 126
Apfel-Brombeer-Betty 129
Beerenauflauf 130
Englischer Brotpudding mit Butter 133
Zitronensirup-Pudding 134
Christmas-Pudding 137

6. Obstdesserts 138

Le cru, Melbourne, Australien 139
Ananas-Carpaccio »Le Cru« 140
Winterliches Obstkompott 141
Amaretto-Peacherines 143
Pochierte Vanille-Birnen mit Haselnuss-
 Feigen-Füllung 144
Apfel-Erdbeer-Gelee 147
Fünfkorn-Pfannkuchen mit
 flambierten Bananen 148
Englischer Sommerpudding 151
Bratäpfel 152

7. Eis und Sorbet 154

Eis selber machen 155
*Millennium Restaurant,
 San Francisco, USA* 156
Millennium Pfefferminzeis mit
 Schokosplittern, *Millennium*
 Mangosorbet und *Millennium*
 Erdnussbutter-Eis mit
 Schokosplittern 158–159
Vanilleeis 160
Brotbrösel-Eis 161
*Sehnsuchtsküche, Mühlacker,
 Deutschland* 162
Limetteneis mit Sommerfrüchten von
 Sehnsuchtsküche 163
Cornett-oh! 165
Himbeersorbet 166
Zitronen-Limetten-Sorbet 166
Eis mit Schokosplittern 169
Erdbeereis 170

8. Mousse, Pudding und Sahne 172

In the Raw, Adelaide, Australien 173
Schokoladen-Mousse-Dessert von
 »*In the Raw*« 175
Kokos-Crème-Brûlée 176
Pures Schokoladenmousse 179
Haus Hiltl, Zürich, Schweiz 180
Soja-Schoggi-Mousse von *Haus Hiltl* 182
Zen-Grüntee-Kokoscreme 184
Sojasahne 187
Cashewsahne 187
Vanillepudding 188
Schokoladenganache 189
Schokoladensaucen: Schoko-Creme,
 Schnelle, Rohe 190

9. Süße Naschereien 192

Bliss Organic Café, Adelaide, Australien 193
Energiebällchen à la Bliss 195
Weinbrandtrüffel 196
Aprikosen und Datteln für die
 Weihnachtszeit 199
Panforte 200
Puffreis-Knusperhappen 203
Schoko-Crunch 204
Carobkugeln 205
Rohschokolade 207

Nahrungsmittelallergie-Index 208
Stichwortverzeichnis 211
Über die Autorin 219

Einleitung
Himmlische Desserts

Was ist das Gute an Desserts?

Desserts sind schlecht angesehen. Sie stehen in dem Ruf, schlecht für die Zähne, schlecht für das Herz und schlecht für die Linie zu sein. Das ist nicht weiter verwunderlich, da Desserts meistens aus weißen verarbeiteten Kohlenhydraten, gesättigten Fetten und raffiniertem Zucker bestehen.

Aber es gibt auch hier eine andere Sicht der Dinge. Desserts können Energie spenden und anregend wirken. Sie sind schön anzusehen, wecken Vorfreude und befriedigen das Verlangen nach Süßem. Die ungesunden Zutaten – raffinierter Zucker, Weißmehl und gesättigte Fette – können durch natürliche süßende Zutaten oder nicht raffinierten Zucker, Vollkornzutaten und gesündere Pflanzenmilch, Pflanzencreme oder durch pflanzliche Öle ersetzt werden. In einem Dessert können auch zusätzliche Nahrungsmittel als Zutaten verwendet werden, um Nährstoffe zu liefern, die im Hauptgericht möglicherweise nicht enthalten waren. Beispielsweise akzeptieren Kinder in einem Dessert häufig Zutaten, die sie in anderer Form auf keinen Fall essen würden, so zum Beispiel Karotten, Kürbis oder Süßkartoffeln, gemahlene Nüsse und Samen oder Pürees aus getrockneten Früchten.

Manches Dessert kann man durchaus als gesunde Kost bezeichnen, insbesondere wenn Rohkost oder eine Vollkornzutat, Früchte oder Nüsse enthalten sind.

Essen mit Schuldgefühl

Jeder kennt das Gefühl, wenn beim Essen gestritten wird. Plötzlich ist die Freude am Essen verschwunden. Der Hals wird eng, und statt Hunger stellt sich Magengrummeln oder Übelkeit ein. Wenn man sich zwingt, weiterzuessen, hat man das Gefühl, man hätte einen Stein im Magen. Es ist keine Frage, dass die Verdauungsprozesse von Emotionen beeinträchtigt werden.

Welche Wirkung hat es wohl auf den Körper, wenn man sich beim Essen eines Desserts schuldig fühlt? In den traditionellen Heilslehren wie im Ayurveda und in der Traditionellen Chinesischen Medizin wird seit Langem davon ausgegangen, dass Emotionen einen starken Einfluss auf die Gesundheit des Verdauungssystems sowie auf die Gesundheit im Allgemeinen haben; und diese Auffassung wird nun auch in der westlichen Medizin üblich. Essstörungen und Übergewicht werden mit Scham- oder Schuldgefühlen in Zusammenhang gebracht, und es gibt Stimmen, die darauf hinweisen, dass emotionaler Stress der Hauptverursacher von Verdauungsstörungen ist.

Essen mit Freude

Denken Sie mal in ganz anderer Weise über das Essen. Sie wollen zum Beispiel einen Kuchen backen. Sie nehmen sich Zeit, um ein geeignetes Rezept zu finden und die Zutatenliste zu überprüfen. Vielleicht ersetzen Sie das Weißmehl durch Vollkornmehl und den weißen Zucker durch nicht raffinierten Zucker. Eventuell überlegen Sie sich, gehackte Walnüsse, Sesam und eine Handvoll Rosinen hinzuzufügen. Sie entwickeln eine gesunde Beziehung zu Ihrer Nahrung – und dabei haben Sie noch nicht einmal mit der Zubereitung angefangen.

Nun geht es ans Backen. Wie bei jeder kreativen Tätigkeit – Malen, Schreiben, Singen, Gartenarbeit – entsteht beim Backen ein Bezug zwischen dem, was man *tut* und dem, was man *empfindet*. Es ist eine Tätigkeit, die Inspiration und Freude beinhalten kann, wenn man mit den Gedanken vollkommen dabei ist.

Es kann eine Art und Weise sein, in das was man tut, Liebe hineinzulegen – Liebe zu sich selbst, zur Familie, zu den Freunden –, sodass Liebe auch durch das Endergebnis verkörpert wird. Dann ist das Essen von etwas, das aus so sorgsam ausgesuchten Zutaten hergestellt und mit solch liebevoller Sorgfalt gebacken wurde, doch nichts weniger als eine himmlische Erfahrung.

Wir alle müssen essen. Wir brauchen Nahrung, um am Leben zu bleiben und leistungsfähig sein zu können.

Ich glaube, dass wir dieses physische Bedürfnis mit einer spirituellen Sensibilität verknüpfen können, indem wir einen Bezug zu unserer Ernährung pflegen. Dabei geht es um:

- ein mitfühlendes Verständnis für die Umweltproblematik im Zusammenhang mit Ernährung,
- liebevollen Respekt vor unserem Körper und unserer Gesundheit,
- den Ausdruck von Liebe, von Gedeihenlassen und von Gemeinschaft durch die Zubereitung und das Teilen von Nahrungsmitteln,
- eine tiefgreifende Wertschätzung der ästhetischen Eigenschaften von Lebensmitteln (Farbe, Form, Aroma, Textur, Geschmack) und ihrer Wirkungen auf die Sinne und den Körper.

Man ist, was man isst – und kann dabei auf seinen Körper hören

Falls Sie zum Yogaunterricht gehen, wird Ihr Lehrer Sie wahrscheinlich anweisen: ›Hör' auf Deinen Körper.‹ Soll heißen: ›Mache nicht einfach *achtlos*, was ich dir sage, selbst wenn's wie verrückt wehtut, sondern sei dir *achtsam* deines Körpers bewusst.‹

Dies ist ein guter Ratschlag für alle Arten von körperlichen Aktivitäten. Spazieren gehen, im Garten arbeiten, Tanzen, Sex – bei all diesen Dingen ist man erfolgreicher, kann sie mehr genießen und Schmerzen oder Verletzungen vermeiden, wenn man auf die Signale seines Körpers achtet, die einen dazu anhalten, sich entweder mehr oder weniger oder anders zu bewegen.

Genau dasselbe gilt für das Essen. Es ist eigentlich naheliegend, ein bestimmtes Nahrungsmittel aus der persönlichen Ernährung zu streichen, wenn man es wirklich nicht mag oder wenn es einen krank macht, aber die Zeitspanne zwischen Ursache und Auswirkung kann so lang sein, dass es nicht immer eindeutig ist, was in der Ernährung die Ursache für Migräne, Verdauungsstörungen, Stimmungsschwankungen, Übergewicht, Pilzinfektionen, Müdigkeit oder Allergien ist. Wenn man weiterhin Nahrung zu sich nimmt, die den Körper in Mitleidenschaft zieht, kann dies noch ernstere Folgen haben: Reizdarmsyndrom (RDS), hoher Blutdruck, Diabetes, Herzerkrankungen oder Krebs.

Es ist jedoch gut zu wissen, dass man lernen kann, auf seinen Körper zu hören. Man kann sich auf die Signale seines Körpers einstellen, bevor diese zu ernsthaft werden und mit einer liebevollen Besorgnis für das eigene Wohlbefinden darauf eingehen. Und: Je mehr man dies tut, desto einfacher wird es, denn in dem Maß, in dem dem Körper eine auferlegte Last abgenommen wird, kann er besser auf Reize ansprechen und genauer reagieren. Dann können Sie die Reaktionen Ihres Körpers auf verschiedene Lebensmittel wahrnehmen und unmittelbar reagieren.

Vegane Ernährungsweise

Ich bin Vegetarierin, seit ich etwa achtzehn Jahre alt war. Diese Entscheidung kam aus ethischen, moralischen, gesundheitlichen und aus Umweltschutzgründen zustande. Seitdem habe ich diesen Beschluss, nicht das tote Fleisch eines anderen Wesens zu essen, nie infrage gestellt.

Als ich zwischen dreißig und vierzig war, entwickelte ich Symptome eines schweren RDS, und nach einer langen und schwierigen Suche nach Lösungen entschloss ich mich schließlich, Milch und Milchprodukte aus meiner Ernährung wegzulassen. Meine Schmerzen wurden fast über Nacht weniger. Einige Wochen später strich ich auch Eier aus meinem Speiseplan, mit dem Ergebnis, dass ich mich noch besser fühlte.

Durch die vegane Ernährung verbesserte sich mein Gesundheitszustand rasch, meine RDS-Symptome verschwanden – ebenso der ständige Niesreiz und das Nasenlaufen, das ich im Winter für Erkältungen und im Sommer für Heuschnupfen gehalten hatte. Ich hatte mehr Energie, konnte mein Gewicht besser halten und war selten krank. So fühlte sich für mich das Gesundsein an!

Die vegane Ernährungsweise ist gesünder. Die China Study, eine der umfassendsten Studien, die je durchgeführt wurden (*The China Study*, Campbell and Campbell, veröffentlicht durch Wakefield Press), belegt, dass eine Ernährungsweise, in der Fleisch, Fisch und Milchprodukte vermieden werden, am gesündesten ist; sie fördert eine lange Lebensdauer und verringert das Risiko von Erkrankungen. Bei einer veganen Ernährung wird kein Cholesterin mit der Nahrung aufgenommen, wodurch das Risiko einer Herz-Kreislauf-Erkrankung drastisch sinkt. Veganer ernähren sich im Allgemeinen zum großen Teil von Vollkornprodukten und frischem Obst und Gemüse. Dies trägt dazu bei, Makuladegeneration, Grauem Star und Bluthochdruck vorzubeugen. Veganer leiden seltener an Arthrose, Osteoporose und Diabetes Typ 2. Oft wird eine pflanzenbasierte Ernährung als Teil eines ganzheitlichen Behandlungskonzepts bei vielen Arten von Krebs empfohlen. Durch das Vermeiden von Fleisch vermeidet man gleichzeitig die Antibiotika, Hormone und anderen chemischen Stoffe, die die Tiere mit der Nahrung aufgenommen haben. Zudem verringert sich das Risiko, sich mit von Tieren übertragenen Krankheiten anzustecken, zum Beispiel durch E-coli-Bakterien, Salmonellen oder BSE.

Bei einer veganen Ernährungsweise kommt der Aspekt des Mitgefühls noch mehr zum Tragen als bei der fleischlosen Ernährung; sie kann von Grund auf mit keiner Grausamkeit in Verbindung gebracht werden. Milliarden von Tieren werden jedes Jahr geschlachtet. Die vegan-vegetarische Internetseite »Happy-Cow« zeigt in Echtzeit die genaue Zahl der Tiere an, die getötet wurden, seit man sich eingeloggt hat (www.happycow.net/why_vegetarian.html). Millionen von Kühen leiden und sterben auch jedes Jahr aufgrund der Milchwirtschaft. Damit eine Kuh Milch gibt, muss sie regelmäßig Kälber gebären – diese Kälber werden nach der Geburt von

der Mutter getrennt, und die männlichen Tiere werden geschlachtet (www.milkmyths.org.uk). Ganz anders als auf dem idealisierenden Bild von zufriedenen auf der Weide grasenden Kühen oder im Gras herumtollenden Lämmern werden Tiere in der Fleischwirtschaft und ebenso in der Milchwirtschaft oft in überfüllten Ställen gehalten, ohne ausreichend Platz, Sonnenlicht, tierärztliche Behandlung, und ohne Zugang nach draußen oder Kontakt zu ihren Paarungspartnern und ihren Jungen. Tiere sind – wie wir Menschen – sensible, intelligente Kreaturen mit Emotionen und Gefühlen, und es ist unmenschlich, sie so zu behandeln.

Die vegane Ernährungsweise leistet auch einen Beitrag zum Umweltschutz. In grundlegender Hinsicht trifft das zu, weil beim Anbau von Pflanzen einfach weniger Ressourcen verbraucht werden als bei der Tierzucht. Hinzu kommt, dass die Fleischproduktion die Ursache für einen Teil unserer schwerwiegendsten Umweltprobleme ist: Gewässerverschmutzung, Bodenerosion, intensive Landwirtschaft and Überweidung. Die Vermeidung von Fleisch und Milchprodukten gehört zu den effektivsten Methoden, die Emission von Treibhausgasen zu senken. Durch die Umstellung von einer Ernährung mit Fleischkonsum auf eine vegane Ernährung werden pro Person etwa zwei Tonnen CO_2 im Jahr eingespart. Die Viehwirtschaft ist für die Entstehung von jährlich über 100 Millionen Tonnen Methan verantwortlich. (www.earthsave.org/globalwarming). Eine Verringerung des Fleischkonsums hätte eine maßgebliche Senkung des Methangehalts in der Atmosphäre zur Folge.

Der Veganismus ist in meinen Augen sinnvoll. Es ist natürlich, dass man seinem Körper nur Nahrung zuführt, die ihm keinen Schaden zufügt und die einen auf den richtigen Weg zur optimalen Gesundheit bringt. Nahrung, die hergestellt wurde, ohne anderen Kreaturen zu schaden, denn wie kann bei der Wahl der Lebensmittel die Vorliebe für einen bestimmten Geschmack dem Mitgefühl übergeordnet sein? Zudem geht es darum, Nahrung zu wählen, die angebaut wurde, ohne unserer Erde, unserem kostbaren Zuhause, zu schaden.

Himmlische Rezepte aus der ganzen Welt

Eine der einmaligen Besonderheiten dieses Buchs besteht in der Einbeziehung einer Auswahl von veganen Desserts aus Cafés, Restaurants und Kochschulen rund um den Globus. Ich hatte das Glück, einige der talentiertesten veganen und vegetarischen Küchenchefs der Welt besuchen zu dürfen und bei ihnen das beste vegane Essen zu probieren, das man sich vorstellen kann.

An jedem dieser Orte wurde mit Leidenschaft für gutes Essen und auch mit Sinn für gesundes Essen gekocht. Das spiegelt den Trend zu einem umfassenderen Zugang zur Ernährung wieder.

Die Priorität liegt nach wie vor auf dem sinnlichen Erlebnis des hochwertigen Essens, aber hinzu kommt das Bewusstsein, woher die Zutaten stammen, Empfindsamkeit gegenüber Tieren und unserem Planeten sowie die Erkenntnis, wie sich unser Essen auf unser allgemeines Wohlbefinden auswirkt.

Ich habe Küchenchefs aus Australien, Neuseeland, der Westküste der USA und aus Europa gebeten, mir ihre Rezepte mitzugeben, damit Sie als meine Leser feststellen können, dass die Kreation von veganen Topqualitäts-Desserts nicht auf die Edelstahl-Enklaven internationaler Chefköche beschränkt ist, sondern in Ihrer eigenen Küche stattfinden kann. Dieses Buch ist keineswegs eine umfassende Erhebung der veganen und vegetarischen Gastronomie. Ich würde beim nächsten Mal gern mehr darüber berichten. Wenn Sie mir Adressen empfehlen können, schicken Sie mir bitte eine E-Mail an lisa@divinevegan.com.

Qualität von Lebensmitteln

Wenn Sie – so wie ich – glauben, dass Ihre Gesundheit und Ihr Wohlbefinden von Ihrer Ernährung abhängen und auch von der Beziehung, die Sie zur Ernährung haben, sollte gutes Essen nicht als Luxus betrachtet werden, sondern vor anderen Dingen Vorrang haben.

Mit gutem Essen meine ich schöne, inspirierende Lebensmittel direkt aus der Natur, so wie sie auf Bäumen oder in der Erde gewachsen sind. Lebensmittel, die so weit wie möglich in dem Zustand sind, in dem sie geerntet wurden und die nicht mit Pestiziden belastet sind. Frisches Obst und Gemüse und frische Kräuter, Gewürze, Bohnen, Nüsse, Samen, Vollkorngetreide, kaltgepresste, nicht raffinierte Öle und natürliche süßende Zutaten. Wenn Ihre Ernährung hauptsächlich aus diesen Lebensmitteln besteht, unterstützen Sie Ihren Körper auf dem Weg zur optimalen Gesundheit.

Beim Einkauf von Lebensmitteln achte ich auf hochwertige Erzeugnisse, also Erzeugnisse:

- nach Jahreszeit
- aus der Region
- aus ökologischem Anbau
- aus fairem Handel

Der Jahreszeit entsprechende Lebensmittel sind frisch. Sie sind nicht unreif geerntet und dann nach monatelanger Lagerung durch Begasung künstlich zum Reifen gebracht worden. Das Essen nach Jahreszeit bedeutet auch, dass man leichtere Lebensmittel, wie zum Beispiel Melone und Gurke im Sommer isst und wärmendere Lebensmittel wie Kürbisse und Kartoffeln im Herbst. Lebensmittel der Saison schmecken besser, weil sich durch die natürliche Reifung die Geschmacksstoffe besser bilden können.

Regionale Lebensmittel stammen aus der Region, in der sie konsumiert werden. Mit dem Kauf regionaler Erzeugnisse wird die lokale Wirtschaft unterstützt, dies gilt umso mehr, wenn statt im Supermarkt auf Bauernmärkten und in Kooperativen eingekauft wird. Dadurch werden auch die Lebensmittel-Transportwege deutlich verkürzt, also die Entfernungen, über die die Nahrungsmittel vom Ort der Erzeugung zum Konsumenten transportiert werden. Dadurch verbessert sich die persönliche CO_2-Bilanz, der eigene CO_2-Fußabdruck.

Im ökologischen Anbau wird auf den Einsatz von Kunstdünger, Pestiziden und Herbiziden und von Gentechnik verzichtet. Die Bodenfruchtbarkeit wird auf natürliche Weise gefördert, wobei auf nachhaltige Ertragsstärke des Bodens höchster Wert gelegt wird. Man hat festgestellt, dass die in konventionell erzeugten Lebensmitteln enthaltenen Pestizide und Herbizide langfristig zu Gesundheitsproblemen führen können. Biologisch angebaute Lebensmittel sind auch nährstoffreicher – vor Kurzem in Europa durchgeführte Studien haben erwiesen, dass Bio-Lebensmittel einen höheren Gehalt an Vitaminen und Antioxidantien haben als Lebensmittel aus konventionellem Anbau.

Fairtrade-Siegel basieren auf international gültigen Standards, die den Aufbau eines faireren internationalen Handelssystems zum Ziel haben. Kleinbauern werden oft durch das bestehende Handelssystem an den Rand gedrängt und in eine schwache Position gebracht. Der faire Handel trägt dazu bei, bei der Vermarktung ihrer Erzeugnisse ihre Rechte zu stärken. Produzenten und Arbeiter/innen profitieren durch die Zusicherung längerfristiger Handelsbeziehungen und fairer Preise. Sie bekommen fachliche Schulungen, Unterstützung beim Geschäftsaufbau und eine bessere medizinische Versorgung und Schulbildung. Die Fairtrade-Standards nützen auch der Umwelt durch die Förderung nachhaltiger Methoden in der Landwirtschaft wie dem ökologischen Anbau.

Vegane Backzutaten

Pflanzliche Milch

Kuhmilch ist für Kälber bestimmt und nicht für Menschen. Es gibt eine Fülle von Forschungsarbeiten, die aufzeigen, dass Milch entgegen der verbreiteten Vorstellung kein gesundes Nahrungsmittel ist, sondern tatsächlich der Gesundheit abträglich ist. (*Milch besser nicht* von Maria Rollinger ist ein guter Ansatzpunkt.)

Wir sind zwar alle damit aufgewachsen, dass uns eingeprägt wurde, Milchprodukte seien wichtig für die gesunde Entwicklung von Zähnen und Knochen, doch ist dies nicht der Fall. Für unseren Körper ist es einfacher, das Kalzium, das er benötigt, aus Brokkoli, dunklem Blattgemüse, Nüssen, Samen oder Sojabohnen aufzunehmen. In einer Studie aus dem Jahr 2001 wurde festgestellt, dass die vermehrte Aufnahme von tierischem Eiweiß tatsächlich zu einem erhöhten Knochenabbau und damit einem erhöhten Risiko eines Knochenbruchs führen kann.[1] Zur Förderung einer gesunden Knochensubstanz und Vermeidung von Osteoporose braucht der Körper eine ausgeglichene Versorgung mit Proteinen, Kalzium, Kalium und Natrium, was durch eine vegane Ernährung ermöglicht wird.

Es gibt viele Möglichkeiten, Kuhmilch zu ersetzen. Der am häufigsten verwendete Ersatz ist Sojamilch, da sie wie Tiermilch Protein und Fett enthält und entsprechend cremig ist. Verwenden Sie zum Backen eine gute Sojamilch; sie sollte ausreichend cremig

---

[1] Titel der Studie: *A high ratio of dietary animal to vegetable protein increases the rate of bone loss and the risk of fracture in postmenopausal women*, Sellmeyer et al, American Journal of Clinical Nutrition, 2001.

sein, aber nicht aufdringlich nach Bohne schmecken. Suchen Sie nach einer Marke, die nicht gesüßt ist oder zugesetztes Öl enthält. Am besten, Sie finden Sojamilch aus gentechnikfreien, biologisch angebauten Sojabohnen.

Reis- oder Hafermilch eignen sich für die meisten Rezepte gut und beides ist ebenfalls leicht erhältlich. Kokosmilch kann auch verwendet werden; sie hat allerdings einen Eigengeschmack, der zu manchen Gerichten passt, zu anderen weniger.

Sie können auch Milch aus Nüssen oder Samen recht einfach selbst herstellen. Dafür kann fast jede Art von Nüssen oder Samen verwendet werden. Probieren Sie es mit Mandeln, Paranüssen, Cashews, Haselnüssen, Sonnenblumenkernen oder Kürbiskernen.

Milch aus Nüssen oder Samen selbst herstellen

1. 1 Tasse Nüsse oder Samen über Nacht in gefiltertem Wasser einweichen.
2. Das Wasser abgießen und die Nüsse bzw. Samen in den Mixer füllen.
3. 3 Tassen gefiltertes Wasser hinzugeben und die Nüsse/Samen so fein wie möglich zerkleinern.
4. Ein großes Seihtuch oder Musselintuch in ein Sieb legen und dieses in eine große Schüssel hängen.
5. Die zerkleinerte Mischung in das mit dem Tuch ausgelegte Sieb gießen und die Flüssigkeit ablaufen lassen.
6. Jetzt kommt der spaßige Teil! Waschen Sie sich gründlich die Hände oder ziehen Sie für die Zubereitung von Lebensmitteln geeignete Handschuhe an, und binden Sie eine Schürze um. Nehmen Sie die Ecken des Tuchs hoch, drehen Sie den oberen Teil zusammen und drücken Sie den Beutel mit den Händen aus, um den Rest der Flüssigkeit auszuwringen. Wringen Sie den Beutel so lange aus, bis nur die halbtrockenen Nussfasern übrigbleiben. Diese können als Zusatz in Eintöpfen, Aufläufen, Kuchenteig oder Rohkostkeksen Verwendung finden. Im Kühlschrank lagern.
7. Wenn Sie die Milch süßen möchten, fügen Sie Vanille, etwas Stevia oder Agavendicksaft hinzu.
8. In Flaschen füllen und im Kühlschrank aufbewahren. Wie Frischmilch verwenden.

Das Ersetzen von Eiern

Eier haben beim Backen unterschiedliche Aufgaben, daher sollte der geeignete Ersatz danach ausgewählt werden, welche Funktion er erfüllen soll.

- Teig locker machen: Backpulver oder die Kombination von Natron und Essig eignen sich bestens, sodass ich meine Kuchen meistens mit einem von beiden oder mit einer Kombination von beiden backe.
- Binden und Flüssigkeit hinzufügen: Verwenden Sie Apfelmus oder Süßkartoffel- oder Kürbispüree. Seidentofu und Sojayogurt eignen sich gut, um Flüssigkeit ohne starken Eigengeschmack zuzufügen. Gemahlene Leinsamen mit Wasser verrührt ergeben einen

schleimigen Brei, der sich ausgezeichnet zum Binden eignet. Ei-Ersatz-Fertigprodukte, wie No-Egg in Europa und Australien oder Ener-G in den USA, eignen sich gut zum Binden der Zutaten, haben jedoch wenig Nährstoffgehalt.
- Proteingehalt erhöhen und Binden: Soja- oder Kichererbsenmehl (Besan) verwenden.

Zucker und andere Süßungsmittel

Zucker ist, wie jeder weiß, ein leckerer, aber unnötiger Zusatz zur Ernährung. Er ist schlecht für die Zähne, hat eine verheerende Wirkung auf den Blutzuckerspiegel und wird mit einer Reihe ernsthafter Gesundheitsprobleme in Verbindung gebracht, wie zum Beispiel psychischen Gesundheitsstörungen, Gallensteinen und Diabetes. In Australien lag 2005 der Pro-Kopf-Verbrauch von raffiniertem Zucker bei 50,8 kg – das entspricht 140 g pro Person an *einem* Tag.

Die Weltgesundheitsorganisation empfiehlt, nicht mehr als 48 g (12 Teelöffel) pro Tag zu essen. Die American Heart Association möchte die tägliche Menge lieber auf 25 g (6 Teelöffel) für Frauen und 38 g (9 Teelöffel) für Männer beschränken. Auf der Basis dieser Richtwerte habe ich alle Desserts als »mit geringem Zuckergehalt« bezeichnet, die pro Portion weniger als 12 g (3 Teelöffel) raffinierten Zucker enthalten, was immer noch der Hälfte der niedrigsten dieser Vorgaben entspricht. Beim Großteil der anderen Rezepte wird weniger Zucker verwendet als bei den entsprechenden konventionellen Rezepten. Sie können den Zuckergehalt ermitteln, indem Sie die Gesamtzuckermenge durch die Anzahl der Portionen teilen – beachten Sie dabei, dass Zutaten wie Agavendicksaft und Ahornsirup ebenfalls aus Zucker bestehen und dass Schokolade etwa 30 Prozent Zucker enthält. Wenn Sie Ihren Zuckerverbrauch niedrig halten wollen, können Sie bei Rezepten mit hohem Zuckergehalt kleinere Portionen zubereiten.

Raffinierter Zucker wird oft unter Einsatz von Tierkohle hergestellt, ist also nicht vegan. Sie können bei Ihrem Zuckerhersteller nachfragen, um herauszufinden, ob dort mit Tierkohle gearbeitet

Glykämischer Index (GI)

Der GI-Wert eines Süßungsmittels gibt an, wie rasch die Glucose daraus ins Blut geht. Ein niedriger Wert weist auf einen langsameren, stetigeren Übergang hin, der keine zu große Veränderung des Blutzuckerspiegels hervorruft.

Niedriger GI 55 oder weniger

Mittlerer GI 56–69

Hoher GI 70 oder mehr

Diese Einteilung hängt von der körperlichen Empfindlichkeit ab, bei Diabetes oder einer Insulinresistenz sollte der GI zum Beispiel niedriger sein. Am besten ist es, auszuprobieren, wie man sich nach dem Verzehr von bestimmten Süßungsmitteln fühlt.

wird. Der Hersteller Sugar Australien, der die Marke CSR produziert, verwendet bei der Raffination keine tierischen Produkte und hat ein Vegansiegel und eine Koscher-Zertifizierung. In den USA ist dies nicht bei allen Zuckerraffinerien der Fall.

Verschiedene Zuckersorten und Süßungsmittel

Wenn in einem Rezept Zucker als Zutat dazugehört, ergibt sich die folgende Auswahl:

- leichter Rohrohrzucker – enthält ein gewisses Maß an Nährstoffen, GI 65
- weißer Zucker – stark raffiniert, keine Nährstoffe, GI 80
- Ahornzucker – entsteht durch weiteres Eindampfen von Ahornsirup, doppelt so süß wie Zucker, GI 54
- Dattelzucker – getrocknete, gemahlene Datteln, Vollwertzucker, also wertvolle Nährstoffquelle, etwa 30 % süßer als Zucker, schmilzt nicht, GI 30–60
- Fructose/Fruchtzucker – raffinierter Fruchtzucker, keine Nährstoffe, GI 17–25
- eine der unten aufgeführten braunen Zuckersorten.

Wenn in einem Rezept brauner Zucker als Zutat aufgeführt ist, ergibt sich die folgende Auswahl:

- dehydrierter Rohrzuckersaft/Rapadurazucker/Sucanat: getrockneter Saft des Zuckerrohrs, geringfügig verarbeitet, guter Geschmack, enthält viele Nährstoffe, GI 55
- nicht raffinierter Kokoszucker: dehydrierter Kokosblütennektar, von der Weltgesundheitsorganisation als ›das nachhaltigste Süßungsmittel der Welt‹ beschrieben, da es aus einem natürlichen Waldbestand geerntet wird, ohne dem Ökosystem zu schaden. Hoher Gehalt an Vitamin B und C, Zink, Magnesium, Kalium und Eisen, GI 35
- Jaggery: nicht raffinierter Zucker, der aus dem Saft der Palme oder aus Zuckerrohrsaft hergestellt wird. Ist sowohl Palmzucker als auch getrocknetem Rohrzuckersaft ähnlich, hat aber einen einzigartigen, leckeren Geschmack. In der Ayurveda-Medizin wird Jaggery wegen seines großen medizinischen Nutzens geschätzt, GI 35–55, je nach Quelle
- Muscovado/zentrifugierter Turbinado-Zucker/dunkler Rohrohrzucker: Dies sind einander ähnliche Arten von Zucker aus teilweise raffiniertem Zuckerrohr. Guter Geschmack, feucht, enthalten gewisses Maß an Nährstoffen, GI 65
- brauner Zucker: weißer Zucker, der durch Hinzufügen von Melasse oder Sirup gefärbt und geschmacklich aufgepeppt wird, GI 80.

Wenn in einem Rezept Puderzucker verwendet werden soll, kommen folgende Möglichkeiten in Frage:

(Puderzucker wird auch als Staubzucker bezeichnet)

- nicht raffinierter Puderzucker: feiner gemahlener Rohzucker bringt eine hellbraune Farbe und einen leichten Melasse- oder Sirupgeschmack. Falls solcher Puderzucker nicht aufzutreiben ist, kann man Rohzucker oder dehydrierten Rohrzuckersaft in einer Kaffeemühle selbst mahlen, GI 65
- weißer, raffinierter Puderzucker: fein und weiß, eignet sich gut zum Herstellen von Zuckerguss, aber enthält keine Nährstoffe, GI 80.

Wenn in einem Rezept Ahornsirup oder Agavendicksaft verwendet werden soll, gibt es folgende Möglichkeiten:

- Agavendicksaft: wird aus Agaven gewonnen, 25–30 % süßer als Zucker, gewisses Maß an Nährstoffen bleibt erhalten, gute vegane Alternative zu Honig, niedriger GI 10–30
- Ahornsirup: wird aus dem Saft von Ahornbäumen gewonnen, etwa zu 60 % so süß wie Zucker. Leckerer, aber ausgeprägter Geschmack, GI 54
- konzentrierter Fruchtsaft: normalerweise aus Äpfeln oder Trauben, wird durch Eindampfen von Fruchtsaft zu Sirup hergestellt, GI k. A. (liegt allerdings näher an raffinierten Zuckersorten als an Fruchtmusen)
- brauner Reissirup: wird aus braunem Reis hergestellt, zu etwa 50 % so süß wie Zucker, GI 25
- Gerstenmalzsirup: aus gekeimter Gerste, nährstoffreich, starker Malzgeschmack, etwa 50 % so süß wie Zucker. Sollte am besten mit anderen Süßungsmitteln kombiniert werden, GI 42

Honig

Honig wird von Bienen hergestellt und wird deshalb von Veganern im Allgemeinen nicht gegessen. Ich persönlich finde jedoch, dass man bei der Auswahl seiner Nahrung seinem Herzen folgen sollte, und mein Herz sagt mir, dass nichts Schlechtes dabei ist, rohen, unverarbeiteten Honig mit Bienen zu teilen, welche in kleinen, lokalen Betrieben von Imkern gehalten werden, die sich liebevoll und mit Respekt um ihre Bienen kümmern.

Roher Honig aus der Region ist reich an Nährstoffen, hat vielfältige medizinische Qualitäten und zeichnet sich durch den kurzen Transportweg aus. Ich finde es problematischer, statt vor Ort angebotenen Rohhonig Agavendicksaft oder Ahornsirup zu verwenden, der häufig wärmebehandelt und raffiniert ist, viele tausend Kilometer entfernt abgefüllt wurde und per Flugzeug und Lkw transportiert werden musste.

Da dies jedoch ein veganes Kochbuch ist, gehe ich davon aus, dass die Leser allgemein keinen Honig verwenden würden und habe stattdessen in den Rezepten meistens Agavendicksaft oder Ahornsirup angegeben. Eine Ausnahme ist Panforte (S. 180). Honig ist in diesem Rezept eine traditionelle Zutat, und ich habe das Rezept als eventuellen Vorschlag mit aufgenommen. Wenn Sie meine Einstellung teilen und bei sich vor Ort die Möglichkeit haben, guten Rohhonig zu bekommen, können Sie ihn einfach anstelle der in diesem Buch angegebenen flüssigen Süßungsmittel verwenden. Denken Sie dabei daran, dass Honig viel süßer als Zucker sein kann, sodass Sie weniger zu nehmen brauchen als von anderen Sirupsorten oder Dicksäften.

- Fruchtmuse: vollwertig, nährstoffreich, niedriger GI (Apfel 40, Pflaume 30, Dattel 30–60)
- Honig (siehe Kasten): kann 25–50 % süßer als Zucker sein, GI 30 (roh), 75 (raffiniert)
- Heller Sirup oder Maissirup: stark raffinierte Süßungsmittel, nicht zu flüssig, angenehmer Geschmack, GI 63 (heller Sirup), 75 (Maissirup).

Andere Süßungsmittel
- Stevia: kein künstlicher Süßstoff, sondern ein Pflanzenextrakt, der 200–300 mal süßer ist als Zucker. Wird als der einzige sichere und natürliche Süßstoff auf dem Markt angesehen, leichter Nachgeschmack, GI 1
- Künstliche Süßstoffe (Aspartam, Sucralose, Saccharin): stark raffiniert, kein Nährwert. Studien haben ergeben, dass im Zusammenhang mit diesen chemischen Stoffen Risiken für die Gesundheit bestehen (zum Beispiel ein erhöhtes Risiko für Magenkrebs). Diese Süßstoffe wirken sich nicht auf den Blutzucker aus und haben daher keinen GI-Wert
- Zuckeralkohole (Xylitol, Maltitol, Sorbitol, Isomalt, usw.): stark raffinierte Zuckeraustauschstoffe, die aus Pflanzenfasern gewonnen werden, im Vergleich zu Zucker einen niedrigen Energiegehalt haben und einen niedrigen glykämischen Index aufweisen, weshalb sie häufig speziell für Diabetiker angeboten werden. Übermäßiger Verzehr kann zu Blähungen, Bauchschmerzen und Durchfall führen. GI 1–7.

Getreide

Ohne jeden Zweifel ist Vollkorn am besten. Das volle Korn enthält Ballaststoffe, Antioxidantien, Eisen, Magnesium, Vitamin E und die Vitamine der B-Gruppe. Eine vollkornhaltige Ernährung kann das Risiko von Infarkten, Typ-2-Diabetes, Herzkrankheiten, Asthma, Darmkrebs und Bluthochdruck senken. Und Vollkorn schmeckt großartig! Mit Vollkornmehl gebackene Kuchen, Kekse und Torten haben einen nussartigen Geschmack und eine kräftige Konsistenz. Sie sättigen angenehm, sodass man weniger davon zu essen braucht.

Für manche Rezepte ist eine leichtere Konsistenz angebracht – in diesem Fall verwende ich »normales« Mehl aus biologischem Anbau. Ich kaufe nie fertig mit Backpulver vermischtes Mehl, da man dieses jederzeit selbst herstellen kann, indem man Mehl mit Backpulver vermischt. Einfach zwei Teelöffel pro Tasse Mehl (entspricht 140 g Vollkornmehl oder 160 g Weißmehl) untermischen und gut durchsieben.

Zu den glutenfreien Getreiden beziehungsweise Mehlsorten gehören Buchweizen, Amaranth, Hirse, Quinoa, Mohrenhirse, Reis, Tapioca, Maismehl, Maisstärke, Kartoffelstärke und Kichererbsenmehl. Wenn Sie glutenfreies Mehl verwenden möchten, könnten Sie sich selbst eine Mischung herstellen, anstatt auf die im Handel erhältlichen, hoch ausgemahlenen, glutenfreien Mehle zurückzugreifen. Informieren Sie sich jedoch über die jeweiligen Eigenschaften, da jedes Mehl anders ist. Achten Sie auf ein ausgeglichenes Verhältnis zwischen den stärkehaltigen, bindenden Bestandteilen (Maisstärke, Tapioka und Kartoffelstärke) und den

Komponenten, die mehr Geschmack oder einen höheren Nährwert aufweisen (Buchweizen, Hirse, Amaranth, Quinoa, Maismehl, Mohrenhirse, Kichererbsen- und Reismehl). Probieren Sie die Mischungen aus, die auf den Seiten 45 und 85 angegeben sind, aber experimentieren Sie ruhig einmal selber.

Fette und Öle

In meinen Rezepten habe ich nicht allzu genau angegeben, welche Art Fett oder Öl jeweils verwendet werden soll. Meistens steht entweder ›mildes Öl‹ oder ›milchfreies Streichfett‹ in der Zutatenliste. Aber welches Öl und welches milchfreie Streichfett sollten Sie verwenden? Wenn Sie eine möglichst gesunde Wahl treffen wollen, ist es hilfreich, sich mit den verschiedenen Arten von Fetten etwas auszukennen.

Fette und Öle werden nach dem Molukülaufbau ihrer Fettsäuren in drei Gruppen eingeteilt: gesättigte, einfach ungesättigte und mehrfach ungesättigte Fettsäuren. Fettmoleküle bestehen aus Kohlenstoff-, Wasserstoff- und Sauerstoffatomen, die durch Bindungen zusammengehalten werden. Gesättigte Fettsäuren haben keine freien Bindungen, sie sind vollständig ›gesättigt‹. Ungesättigte Fettsäuren verfügen über freie Bindungen für weitere Atome, sie sind nicht vollständig ›abgesättigt‹.

Gesättigte Fettsäuren sind in tierischen Fetten und in bei Zimmertemperatur festen pflanzlichen Fetten enthalten, zum Beispiel in Kokosfett und Palmfett. Früher wurde davon

Zur Auswahl von Fetten und Ölen

- Tierische Fette enthalten gesättigte Fettsäuren und können zu Herzkrankheiten führen.
- Die meisten pflanzlichen Fette enthalten ungesättigte Fettsäuren und tragen dazu bei, das Herz gesund zu halten.
- Selbst die Pflanzenfette mit gesättigten Fettsäuren (Kokosfett und Palmfett) bieten gesundheitliche Vorteile.
- Gehärtete Fette enthalten Transfettsäuren, die eine Gefahr für die Gesundheit darstellen.
- Wenn Öl verwendet werden soll, nehmen Sie ein hochwertiges, mild schmeckendes Öl wie Reiskleieöl, Sonnenblumenöl oder Rapsöl. Versuchen Sie, eine gentechnikfreie Sorte aufzutreiben.
- Verwenden Sie als milchfreies Streichfett eine Sorte, die keine gehärteten Fette und keine Transfettsäuren enthält.

ausgegangen, dass alle gesättigten Fettsäuren den Wert des ›schlechten‹ Cholesterins (LDL) anheben würde und den des ›guten‹ Cholesterins (HDL) senken würde, was zu Herzerkrankungen führen kann. Neue Forschungen legen nahe, dass dies nur bei tierischen Fetten der Fall ist und dass die gesättigten pflanzlichen Fette wie Kokosöl tatsächlich eine Reihe von gesundheitlichen Nutzen bieten können.

Einfach und mehrfach ungesättigte Fettsäuren sind in pflanzlichen Nahrungsmitteln enthalten, zum Beispiel in Olivenöl, Sonnenblumenöl, Distelöl und Sojaöl, sowie in Avocados, Nüssen und Samen. Diese Fettsäurearten haben einen leicht unterschiedlichen Molekülaufbau, aber es wird davon ausgegangen, dass beide dazu beitragen, den HDL-Cholesterin-Wert zu erhöhen und den LDL-Wert zu senken und dadurch Herzerkrankungen vorbeugen helfen.

Fetthärtung ist ein chemisches Verfahren, bei dem Wasserstoffatome an die ungesättigten Moleküle von Pflanzenölen gebunden werden. Diese werden mit Wasserstoff abgesättigt. Daduch werden die Öle schon bei Zimmertemperatur fest, was für Hersteller von Kleingebäck, Brotaufstrichen oder cremigen Glasuren nützlich ist, wenn sie auf diese Weise billiger produzieren wollen statt tierische Fette oder hochwertige pflanzliche Fette zu verwenden. Durch die Fetthärtung wird auch die Lagerfähigkeit der Produkte verlängert, was den Herstellern sehr entgegenkommt, nicht aber unserer Gesundheit.

Durch die Hydrierung bei der Fetthärtung entstehen Transfettsäuren, die das Risiko von Herzerkrankungen beträchtlich erhöhen. Tatsächlich werden Transfettsäuren als so gesundheitsschädigend angesehen, dass in manchen Ländern bzw. Bundesstaaten Grenzwerte und Verbote eingeführt wurden.

Wenn Sie gehärtete Fette vermeiden wollen, halten Sie sich von Produkten fern, bei denen ›gehärtet‹, ›teilweise gehärtet‹, ›pflanzliches Backfett‹ oder ›Transfettsäuren‹ auf dem Etikett steht. Besser noch, backen Sie selbst und verwenden Sie dabei ein hochwertiges pflanzliches Öl oder ungehärtetes pflanzliches Streichfett.

Verdickungsmittel

Pfeilwurzelmehl, Maisstärke, Agar-Agar, Kuzu, Psyllium und Lezithin sind alle als Ersatz für Eier und Gelatine zum Andicken oder Gelieren von veganen Desserts geeignet.

Pfeilwurzelmehl (Marantastärke) ist ein glutenfreies Mehl, das leicht löslich ist und die Speisen beim Andicken nicht trüb werden lässt. Aus diesem Grund eignet es sich besonders gut zum Andicken von Fruchtpürees; die Farbe des Pürees wird nicht verändert.

Maisstärke kann glutenfrei sein, aber bei manchen Sorten ist Weizenstärke zugefügt, deshalb auf die Zusammensetzung achten.

Sowohl Maisstärke als auch Pfeilwurzelmehl müssen zuerst in etwas Flüssigkeit aufgelöst und zu einem Brei angerührt werden, bevor sie in eine heiße Flüssigkeit gegeben und dann einige Minuten geköchelt werden, um das Mehl quellen zu lassen und zu garen. Beide Stärkemehle quellen gut, ohne Klümpchen zu bilden.

Kuzu (Kudzu) wird aus der Wurzel einer japanischen Pflanzenart ähnlich wie Pfeilwurzelmehl hergestellt. Kuzu eignet sich zum geschmacksneutralen Andicken und verleiht eine schimmernde, klare Konsistenz. Es gilt als gesundheitsfördernd, indem es Bluthochdruck senkt und bei schwacher Verdauung hilft. Verwenden sie Kuzu im Verhältnis von einem Teil Puder zu fünf Teilen Flüssigkeit. Zu einem Brei anrühren, zur Flüssigkeit hinzufügen und köcheln lassen, bis die Flüssigkeit angedickt ist. Dabei durchgehend mit dem Schneebesen umrühren.

Agar-Agar ist ein japanisches Geliermittel, das aus Algen gewonnen wird. Es ist nur sehr wenig davon erforderlich, um ein klares Gelee mit guter Konsistenz zu erhalten. Dabei ist es allerdings wichtig, das Verhältnis von Agar-Agar und Flüssigkeitsmenge richtig abzumessen, andernfalls könnte das Ergebnis eher eine ziegelsteinartige Konsistenz haben! Ich habe mit Agar-Agar-Flocken, -Pulver und -Sticks experimentiert und finde, dass das Pulver am einfachsten zu dosieren ist. Das beste Verhältnis ist ein bis zwei Teelöffel Agar-Agar-Pulver auf einen Liter Flüssigkeit. Streuen Sie das Agar-Agar in die kalte Flüssigkeit und lassen Sie es 15 Minuten einweichen. Erhitzen Sie anschließend die Flüssigkeit und bringen Sie sie zum Kochen. Lassen Sie sie 15 Minuten köcheln – sie geliert dabei nicht gleich sichtbar, aber das ist kein Grund zur Beunruhigung – sie geliert beim Abkühlen. Vom Herd nehmen und abkühlen lassen.

Psyllium-Pulver wird aus den Samenschalen der Pflanze Plantago ovata (indischer Flohsamen) hergestellt. Flohsamenschalen werden häufig als Faserstoff für Diäten verwendet und können dazu beitragen, das ›schlechte‹ LDL-Cholesterin zu senken. Wenn man die Flohsamenschalen in einer Kaffeemühle zu Pulver mahlt, kann man sie ohne Kochen zum leichten Andicken an eine Flüssigkeit geben. Dadurch sind Flohsamenschalen besonders für die Zubereitung von Rohkost geeignet.

Lezithin ist als natürlicher Inhaltsstoff in Sojabohnen, Pflanzenölen, Nüssen, Samen und Eiern enthalten. Es enthält Phosphatidylcholin, Inosit und essentielle Omega-3-Fettsäuren. Lezithin kann den Cholesterinspiegel senken, unterstützt den Fettabbau im Körper und verbessert die Gedächtnis- und Gehirnleistung. Lezithin ist in Form von Granulat erhältlich, das aus Sojabohnen gewonnen wird. Wenn man das Granulat in der Kaffeemühle mahlt, kann das Pulver in Cremespeisen oder Eis eingerührt werden. Das ergibt eine festere Konsistenz und ein cremiges Mundgefühl.

Nüsse

Nüsse sollten am besten roh verzehrt werden, da durch das Erhitzen Nährstoffe zerstört werden können. Nüsse sind Samen, sie haben also das Potential, zu einer neuen Pflanze heranzuwachsen. Sie enthalten jedoch Enzymhemmer, die so lange verhindern, dass die Nuss keimt, bis gute Keimungsbedingungen vorliegen. Wenn die Nuss bei Regen mit Wasser getränkt wird, werden die Enzymhemmer zerstört und die Nuss kann anfangen zu keimen. Wenn man diesen natürlichen Vorgang imitiert, indem man Nüsse vor dem Verzehr einige Stunden oder über Nacht einlegt, werden sie weicher und die Enzymhemmer werden neutralisiert. Dadurch werden die Nüsse leichter verdaulich.

Geröstete Nüsse

Obwohl Nüsse vorzugsweise roh gegessen werden sollten, ist der Geschmack von gerösteten Nüssen etwas Besonderes, und wenn die Nüsse sowieso bei der Zubereitung eines Desserts erhitzt werden, können Sie sie genauso gut vorher rösten.

Pekannüsse, Cashewnüsse oder Macadamianüsse rösten: in einer Lage auf einem Backblech ausbreiten und im Backofen bei etwa 170°C, Gas Stufe 3, ca. 7–10 Minuten rösten, bis sie leicht braun werden und köstlich duften.

Mandeln rösten: die Mandeln mit kochendem Wasser in eine Schüssel geben und 5–10 Minuten einweichen lassen. Das Wasser ablaufen lassen und dann die Mandeln einzeln aus der Schale drücken. Wenn sie sich nicht leicht aus der Schale lösen, etwas länger in kochendem Wasser einweichen lassen. Trocknen lassen und dann wie oben erklärt im Backofen bräunen.

Haselnüsse rösten: in einer Lage auf einem Backblech ausbreiten und im Backofen bei etwa 170°C, Gas Stufe 3, ca. 7–10 Minuten rösten, anschließend auf ein sauberes Geschirrtuch schütten. Die Zipfel des Tuchs zusammennehmen und die Nüsse in dem Tuch kräftig rubbeln, bis die Schalen abgerieben sind. Nüsse herausnehmen und die Schalen am besten draußen aus dem Geschirrtuch schütteln.

Schokolade, Kakao und Carob

Ja, Veganer *können* Schokolade essen! Hochwertige dunkle Schokolade enthält meistens keine Milchprodukte, aber man sollte in die Zutatenliste schauen. Ich muss zugeben, dass ich schokoladensüchtig bin. Ich liebe Schokolade, und nach Möglichkeit esse ich gern jeden Tag welche. Allerdings gehöre ich zu den anspruchsvollen Schokoholikern. Ich esse nur Qualitätsschokolade mit 60–70 % Kakaoanteil. Und ich stopfe mich nicht damit voll, sondern esse dann etwa 20 oder 30 g. Bei diesen Mengen sehe ich Schokolade als gesunde Nahrungsergänzung an.

Schokolade enthält essentielle Mineralstoffe wie Magnesium, Kalium, Kupfer und Eisen, Phenylethylamin – die Substanz, die der Körper ausschüttet, wenn man verliebt ist –, Anandamid – die Glückssubstanz –, dazu massenhaft Antioxidantien, die im Körper freie Radikale abfangen und Krankheiten vorbeugen.

Schokolade enthält auch Koffein und seinen milderen Verwandten Theobromin – beides Substanzen, die die Konzentration und Aufmerksamkeit erhöhen, aber oftmals ein oder zwei Stunden später einen Leistungsabfall nach sich ziehen. Allerdings ist der Koffeingehalt in Schokolade viel geringer als der in Kaffee oder Tee.

Kakaopulver wird mit Hilfe von Hitze und durch die Behandlung mit Lösungsmitteln hergestellt, wodurch ein Teil der Nährstoffe und Antioxidantien zerstört wird. Roh-Kakao wird dagegen ohne Zusatz von Lösungsmitteln aus den natürlichen Kakaobohnen kalt gepresst und dann zu Pulver gemahlen. Roh-Kakao hat genau dieselben hervorragenden Nährstoffe wie Schokolade, allerdings in viel größeren Mengen, denn bei der Verarbeitung werden keine Nährstoffe zerstört. So enthält er etwa viermal so viel Antioxidantien wie gewöhnlicher Kakao – und weist damit den höchsten Gehalt sämtlicher Lebensmittel überhaupt auf. Deshalb wird Roh-Kakao als »Superfood« gepriesen.

Es stimmt natürlich, dass Roh-Kakao immer noch Theobromin und Koffein enthält, aber es gibt Studien, die darlegen, dass die Wirkung dieser Substanzen in Roh-Kakao schwächer ist als in Schokolade.

Der Verzehr von Schokolade, Roh-Kakao-Pulver oder ganzen Kakaobohnen kann sicher einen Energieschub bewirken und Wohlbefinden auslösen und auch auf lange Sicht gesundheitlichen Nutzen bringen. Jedoch ist auch hier – wie bei allen Dingen – das richtige Maß entscheidend. Die Wirkung von Schokolade und Kakao auf Ihren Körper können nur Sie selbst beurteilen. Wenn Sie dadurch zappelig werden und nicht schlafen können, sollten Sie Ihren Konsum eventuell einschränken oder Schokolade beziehungsweise Kakao ganz aus Ihrem Speiseplan streichen und möglicherweise durch Carob ersetzen. Aber wenn Sie Schokolade maßvoll essen, sich dabei gut fühlen und keine schädliche Wirkung verspüren, dann rate ich Ihnen dringend, ohne Schuldgefühle zu genießen.

Denken Sie allerdings bitte darüber nach, Schokolade und Kakao aus fairem Handel zu kaufen. In der Schokoladenindustrie ist die Missachtung der Menschenrechte an der Tagesordnung. Es ist seit Jahren bekannt, dass Zwangsarbeit und Ausbeutung, auch von Tausenden von Kindern, auf den westafrikanischen Kakaoplantagen praktiziert werden, und doch handeln die beteiligten Unternehmen nur zögerlich. Nur bei Schokolade und Kakao mit Fairtrade-Siegel ist sichergestellt, dass solche Praxis ausgeschlossen ist. Bei Fairtrade-Schokolade ist Zwangsarbeit und ausbeuterische

Kinderarbeit verboten, und die Bauern bekommen für ihren Kakao einen Preis, der es ihnen erlaubt, ihre Grundbedürfnisse zu decken. Auch werden nachhaltige Anbaumethoden gefördert.

Als Alternative zu Schokolade wird oft Carob verwendet. Carob hat einen angenehmen, rauchigen Geschmack, der ein wenig, aber nicht sehr schokoladenähnlich ist. Carob ist süßer als Schokolade, enthält kein Koffein oder Theobromin und liefert eine Vielfalt an Vitaminen und Mineralstoffen, im wesentlichen die Vitamine A, B, B2, B3 und D, sowie Kalzium, Phosphor, Kalium und Magnesium, Eisen, Mangan, Barium, Kupfer und Nickel.

Geschmacks- und Farbstoffe

Ich empfehle keine künstlichen Aromastoffe oder Farbstoffe. Im Allgemeinen verwende ich lieber natürliche Zutaten, um einen guten Geschmack zu erzielen. Es ist aber praktisch, eine Auswahl kleiner Fläschchen im Küchenschrank zu haben, um die Backergebnisse geschmacklich aufzuwerten. Es gibt heutzutage natürliche Extrakte aus biologisch angebauten Ausgangsstoffen wie Vanille, Pfefferminze, Orange, Zitrone und Kaffee sowie natürliche Lebensmittelfarbstoffe.

Vanille
Den besten Vanillegeschmack geben frische Vanilleschoten (zur Verwendung siehe unten stehenden Kasten), die jedoch recht teuer sein können, sodass ich sie eher für Zubereitungen reserviere, bei denen der Geschmack wirklich zur Geltung kommt, wie zum Beispiel Vanilleeis und Rohkost-Desserts. Im Fachhandel ist Vanillepulver aus getrockneten und gemahlenen Vanilleschoten erhältlich. Beim Kauf von flüssigen Vanilleprodukten sollte man einen Blick auf die Zutatenliste werfen und Marken, die synthetisches Vanillin, andere Aromastoffe, Propylenglycol oder Konservierungsstoffe enthalten, möglichst vermeiden.

Pfefferminze
Das Rezept für Pfefferminzeis mit Schokosplittern (S. 158) enthält eine Beschreibung, wie man frische Pfefferminze blanchiert und abschreckt, um den Geschmack und die Farbe zu erhalten. Dieses Vorgehen kann an jedes andere Rezept angepasst werden, indem man die abgeschreckte Pfefferminze mit der jeweiligen Flüssigkeit im Mixer zerkleinert und dann durchseiht. Die Prozedur ist ein wenig zeitaufwendig, aber das Ergebnis kann sich sehen (und schmecken) lassen. Wie bei Vanilleessenz sollte man beim Kauf von Pfefferminzextrakt auf künstliche Zusatzstoffe in der Zutatenliste achten.

Kaffee
Wenn für ein Rezept ›Kaffee-Essenz‹ benötigt wird, gieße ich lieber einen Kaffee mit der doppelten Menge an Kaffeemehl, entkoffeiniertem Kaffee oder Kaffeeersatz auf und verwende einen Löffel voll davon statt von der Essenz. Falls dadurch die Konsistenz zu flüssig wird, kann man die Menge der anderen Flüssigkeit des Rezepts verringern.

Anweisung: Mark aus einer Vanilleschote kratzen

1. Schlitzen Sie die Vanilleschote mit der Spitze eines scharfen Messers der Länge nach auf.
2. Öffnen Sie die Schote und legen Sie sie flach auf ein Küchenbrett.
3. Kratzen Sie das klebrige Mark mit dem Messerrücken von oben nach unten aus der Schote heraus.
4. Geben Sie das Mark zu der Flüssigkeit, die im Rezept Verwendung findet.
5. Verwenden Sie die leere Schote zum Vanillieren von Puderzucker oder Agavendicksaft. Stecken Sie die ausgekratzte Schote in ein Schraubglas mit Zucker oder Dicksaft, sodass sie damit bedeckt ist.

Orange, Zitrone, Limette

Wenn in einem Rezept Zitronenextrakt verlangt wird, verwende ich statt eines Teelöffels Extrakt die abgeriebene Schale einer ganzen Zitrone plus den Saft einer halben Zitrone und verringere falls notwendig die Menge der anderen Flüssigkeit des Rezepts. Wie bei Vanilleessenz sollte man beim Kauf von Zitronenextrakt auf künstliche Zusatzstoffe in der Zutatenliste achten.

Farben

Für mich ist die schönste Farbe ein sattes Schokoladenbraun – und dafür braucht man noch nicht einmal einen Farbstoff, sondern nur die reine, dunkle Substanz. Aber mir ist klar, dass so mancher seine Eiskrem oder den Kuchenguss gern mit etwas Farbe aufpeppen möchte. Eventuell können Sie natürliche Lebensmittelfarbe im Handel finden, hier sind jedenfalls ein paar Vorschläge zum natürlichen Färben.

- gelb/orange – eine Messerspitze Kurkuma
- rot/pink – Kirsche, Granatapfel oder frischer Rote-Bete-Saft
- blau/violett – Blaubeersaft
- grün – eine Messerspitze Spirulina-Pulver oder Minze (vgl. Pfefferminzeis mit Schokosplittern, **S. 158**).

Salz

Last not least das bescheidene, aber doch so wichtige Salz. Es ist seltsam, aber ein bisschen Salz in einer Süßspeise wirkt Wunder. Ich füge bei meinen Rezepten meist eine Menge zwischen einer Messerspitze und einem halben Teelöffel hinzu. Dabei verwende ich gern das rosagetönte Himalayasalz, ein reines, von Hand abgebautes Salz, das über 80 natürliche Mineralstoffe enthält. Celtic Meersalz ist eine gute Alternative.

Die Kunst des Backens

Beim Kochen kann man manchmal spontan und erfinderisch sein, zum Beispiel bei der Zubereitung von Suppen, Eintöpfen, Soßen und Currys. Man kann schnuppern und probieren, ein bisschen mehr von diesem oder jenem hinzufügen, oder die ganze Zusammensetzung jedes Mal ändern, je nach Laune und Kühlschrankinhalt.

Beim Backen ist das anders. Glauben Sie's mir – ich habe mich durch jede Menge ›Backerfindungen‹ meiner Töchter durchessen müssen und kann das beurteilen. Man kann sicherlich beim Backen kreativ sein, aber das bedeutet, dass man seine Versuche mehrmals durchführen muss, bis man eine Version findet, bei der alles stimmt. Viele Rezepte in diesem Buch sind auf diese Weise entstanden. Ich hatte eine tolle Idee, probierte sie aus, und das Ergebnis war eine Katastrophe. Ich verbesserte und veränderte Kleinigkeiten und machte noch ein oder zwei Versuche, bis das Resultat genau richtig war.

Um ein Dessertrezept neu zu erfinden, ist eine Menge Hingabe und Einsatz erforderlich.

Wenn Sie also ein Dessert zubereiten, sollten Sie sich wenigstens die ersten Male lieber an das Rezept halten.

Allerdings möchte ich Ihre Kreativität nicht einschränken – wenn Sie erst ein paar Grundtechniken beherrschen, können Sie mit Variationen experimentieren. Wenn Sie zum Beispiel wissen, wie Eis gemacht wird, gibt es endlos viele Geschmackskombinationen, die Sie ausprobieren können. So ähnlich ist es mit Keksen, Kuchen, Crumble, Torte und Muffins. Halten Sie sich an ein Grundrezept, von dem Sie wissen, dass es »funktioniert« und verleihen Sie ihm eine eigene Note.

Tipps für erfolgreiches Backen

- Lesen Sie zuerst das Rezept ganz durch.
- Heizen Sie den Backofen vor – prüfen Sie die Temperatur mit einem Thermometer.
- Benutzen Sie die empfohlene Backform oder eine andere von der gleichen Größe.
- Nach Angabe Form einfetten und/oder auslegen.
- Messen Sie die Zutaten genau ab; benutzen Sie Messlöffel statt normalen Teelöffeln und Messbecher mit feiner Einteilung.
- Verwenden Sie eine Waage, die auf 5 g genau misst. Digitalwaagen eignen sich gut und messen auf 1 oder 2 g genau, sind aber teuer und verbrauchen viele Batterien.
- Die altmodischen Waagen mit kleinen Gewichten, die unsere Großmütter hatten, eignen sich hervorragend. Vielleicht können Sie davon eine auftreiben.
- Beim Abmessen von Flüssigkeiten in einem Messbecher sollte der Messbecher auf Augenhöhe gehalten werden.
- Ärgern Sie sich nicht, wenn alles schiefgeht – Sie können das Ergebnis sicherlich noch essen, und vielleicht haben Sie etwas Fantastisches erfunden!

Abkürzungen

Alle Rezepte in diesem Buch sind frei von Tierprodukten, das heißt keine Eier, keine Milch, keine Gelatine und keine anderen Zusätze tierischer Herkunft.

Überdies ist ein Teil der Rezepte jeweils für Menschen geeignet, die sich glutenfrei, weizenfrei, zuckerreduziert, nussfrei oder von Rohkost ernähren. Jedes Rezept ist entsprechend gekennzeichnet, hier die Aufschlüsselung:

GF glutenfrei

WF weizenfrei

R Rohkost

ZR zuckerreduziert

NF nussfrei

Seien Sie vorsichtig bei der Verwendung von Fertigprodukten wie Sojamilch, Backpulver, Puderzucker, Maisstärke, usw. Viele Produkte enthalten zusätzlich Zucker und nicht glutenfreie Zutaten und sind nicht mit Sicherheit nussfrei. Prüfen Sie die Produktangaben sorgfältig und fragen Sie im Zweifelsfall beim Hersteller nach.

Kapitel Eins
Torten und Kuchen

›Wie soll man einen Kuchen ohne Eier und Butter backen?‹

Ich weiß nicht mehr, wie oft mir diese Frage schon gestellt wurde. Die Antwort lautet natürlich: ›Ganz einfach!‹ Es ist tatsächlich so, dass vegane Kuchen viel einfacher herzustellen sind als ihre Milch und Eier enthaltenden Gegenstücke. Zunächst entfällt das zeitaufwendige Schaumigrühren der Butter, die man vergessen hat, rechtzeitig aus dem Kühlschrank zu nehmen. Man braucht auch keine Eier einzeln einzurühren, um zu verhindern, dass sie gerinnen. Allgemein gesagt geht es bei einem veganen Kuchen darum, die flüssigen und die trockenen Zutaten getrennt zu verrühren, dann beides zusammenzugeben und alles in den Ofen zu schieben.

In herkömmlichen Rezepten ist Butter Geschmacksträger und sorgt dafür, das der Kuchen saftig wird. Für vegane Kuchen wird statt Butter oft ein mild schmeckendes Öl wie Reiskleieöl, Sonnenblumen- oder Rapsöl verwendet. Öl lässt sich leichter verwenden, es mischt sich gut mit den anderen flüssigen Zutaten wie Sojamilch und Vanilleextrakt. Milchfreies Streichfett (vorzugsweise ohne gehärtetes Fett, Farbstoff oder Konservierungsmittel) kann auch wie in einem traditionellen

Kuchenrezept schaumig gerührt werden und sorgt für etwas mehr Geschmack und Saftigkeit als Öl. Bei einem fettreduzierten Kuchen kann man das Öl oder einen Teil des Öls durch Nussmus oder Obstmus ersetzen.

In einem herkömmlichen Kuchenrezept dienen Eier dazu, den Kuchen saftig und locker zu machen. Vegane Kuchen werden durch Öl, Pflanzenmilch und Obst saftig. Backpulver, Natron oder eine Mischung von beidem sorgen dafür, dass der Teig schön aufgeht. Wenn Natron verwendet wird, muss etwas Säure hinzugefügt werden, zum Beispiel Apfelessig oder der Saft einer Zitrusfrucht. Die Säure reagiert mit dem alkalischen Natron, dabei wird der Teig augenblicklich aufgeschäumt. Aus diesem Grund dürfen die flüssigen Zutaten (einschließlich der Säure) erst in der letzten Minute mit den trockenen Zutaten (unter die das Natron gemischt ist) zusammengerührt werden. Danach wird der Teig sofort in den Ofen geschoben, damit die beim Aufschäumen entstandenen Luftbläschen beim Backen im Teig eingeschlossen bleiben.

Tipps für einen gelungenen Kuchen

- Benutzen Sie eine geeignete Backform und fetten Sie diese ein und/oder legen Sie sie mit Backpapier aus, je nach Anweisung.
- Heizen Sie den Ofen vor und stellen Sie sich alle Zutaten bereit, bevor Sie anfangen.
- Mischen Sie die flüssigen und die trockenen Zutaten getrennt, und verrühren Sie beides erst kurz bevor sie den Teig in den Ofen stellen.
- Gießen Sie den Teig in die vorbereitete Form, und, wenn es ein flüssiger Teig ist, gleichen Sie die Höhe aus, indem Sie die Form leicht seitlich hin- und herkippen. Ein festerer Teig wird mit einem Spachtel oder der Rückseite eines Löffels vorsichtig glattgezogen. Form sofort in den Ofen stellen.
- Stellen Sie die Uhr auf die angegebene Mindestzeit. Backofen nicht vorher öffnen, da die Luftbläschen noch nicht fest eingebacken sind und der Kuchen zusammenfallen kann.
- Wenn die Mindestbackzeit um ist, kontrollieren Sie den Kuchen. Nehmen Sie ein Stäbchen aus Holz oder Metall oder einen Zahnstocher, öffnen sie die Backofenklappe und ziehen Sie den Rost heraus. Wenn der Kuchen sich vom Rand der Form gelöst hat und auf leichten Druck auf die Oberseite elastisch reagiert, ist er fertig. Wenn Sie nicht sicher sind, stechen Sie das Stäbchen in die Mitte des Kuchens. Wenn beim Herausziehen feuchte Teigkrümel daran kleben, braucht er noch fünf Minuten, bevor Sie erneut kontrollieren. Wenn der Kuchen durch ist, ist der Stab beim Herausziehen sauber oder leicht ölig.
- Wenn noch Teig am Stäbchen klebt, aber die Oberfläche des Kuchens zu braun aussieht oder der Rand sich zu sehr nach innen zieht, ist der Ofen wahrscheinlich zu heiß eingestellt. Decken Sie den Kuchen mit Alufolie ab und lassen Sie ihn noch ein paar Minuten backen. Denken Sie beim nächsten Mal, wenn Sie diesen Kuchen backen, daran, die Temperatur zehn Grad niedriger einzustellen.
- Wenn Sie den Kuchen aus dem Ofen nehmen, stellen Sie die Form nach Angabe im Rezept fünf bis zwanzig Minuten zum Abkühlen auf ein Gitter. Dann lösen Sie den Rand mit einem Messer und stürzen den Kuchen auf das Gitter, um ihn weiter abkühlen zu lassen. Bestimmte Kuchen bleiben zum Abkühlen in der Form.
- Bewahren Sie den Kuchen in einer luftdichten Dose auf, gegebenenfalls im Kühlschrank. Die meisten Kuchen halten sich zwei oder drei Tage, Früchtekuchen und Schokoladentorte auch länger.

Real Food Daily
Los Angeles, USA

Ich habe früher auf dem Land in Lancashire im Nordwesten Englands gelebt, wo es durchaus vorkam, dass man, wenn man im Restaurant nach einem veganen Essen fragte, zurückgefragt wurde, was vegan sei. Wenn man dann erklärte, um was es ging, wurde man angeschaut, als sei man total übergeschnappt, und wenn man Glück hatte, bekam man einen Salat angeboten.

Als ich 2004 zum ersten Mal in Los Angeles war und dort Real Food Daily entdeckte, kam ich mir vor wie im Paradies. Da gab es eine seitenlange Speisekarte voller fantastischer, leckerer veganer Gerichte, die – Pluspunkt obendrein – alle mit Zutaten aus Bio-Anbau zubereitet waren. Als ich 2009 wieder dorthin kam, war das Restaurant erweitert worden, und es war eine Bäckerei dazugekommen. Im Paradies wurde es noch himmlischer. Reihenweise lagen dort köstliche Tartes, Kekse und Kuchen aus, solche, von denen man sich als Veganer normalerweise nicht vorstellen kann, dass man je in den Genuss kommen wird. Meine beiden Töchter und ich teilten uns fünf verschiedene Desserts – zum Frühstück! Schuldgefühle brauchten wir aber nicht zu haben, denn hier handelte es sich nicht nur um biologisch angebautes Essen, sondern es enthielt auch gesunde Zutaten wie Gerstenmehl und natürliche Süßungsmittel wie Ahornsirup, Agavendicksaft und Fruchtsäfte.

Ann Gentry, die Gründerin von Real Food Daily, ist passionierte Ernährungsberaterin, die seit 25 Jahren der veganen Küche in den USA Ansehen verschafft. Anne Gentry betreibt zwei Real Food Daily-Restaurants, für die sie laufend neue Rezepte entwickelt, und hat die Kochbücher *The Real Food Daily Cookbook* und *Vegan Family Meals* geschrieben. Als Expertin für vegane Küche und Lebensmittel aus Bio-Anbau ist sie häufig im Fernsehen zu sehen.

Im Real Food Daily wird alles mit hochwertigen Erzeugnissen und Zutaten aus biologischem Anbau zubereitet und fast ausschließlich in der eigenen Küche hergestellt. Dabei werden kein Fleisch, Fisch, Geflügel und keine Milch, Milchprodukte und Eier verwendet, und Cholesterin, gesättigte Fette tierischer Herkunft sowie tierische Produkte kommen nicht in den Topf beziehungsweise auf den Teller. Die Gerichte werden mit frischen Kräutern, Gewürzen und Meersalz gekocht, und vor Ort zubereitete Würzmittel, Saucen und Pasten tragen mit einer Vielfalt von Geschmacksrichtungen zum Gourmet-Erlebnis bei. Real Food Daily stützt sich auf östliche Gesundheitslehren und westliche Ernährungsempfehlungen – was dabei herauskommt, ist optimale Ernährung und Versorgung mit Lebensenergie in Verbindung mit einem großartigen Geschmackserlebnis.

Real Food Daily
514 Santa Monica Boulevard
Santa Monica
USA
Tel: +1 310 451 7544

Real Food Daily
414 N. La Cienega Boulevard
Los Angeles
USA
Tel: +1 310 289 9910

www.realfooddaily.com

Schokolade schmelzen

Es kommt dabei darauf an, die Schokolade schonend zu erwärmen, idealerweise im Wasserbad, also in einem Glas- oder Porzellangefäß, das in einen kleinen Topf mit leise kochendem Wasser gehängt wird. Der Boden des Gefäßes sollte über der Wasseroberfläche liegen, sodass die Hitze des Dampfs die Schokolade zum Schmelzen bringt. Achten Sie darauf, dass keine Wassertropfen in die Schokolade gelangen – sie gerinnt sonst leicht und wird fest und körnig.

Doppelstöckige Schokoladentorte mit Himbeermousse von Real Food Daily*

Dieser Kuchen ist saftig und köstlich – nicht zu süß, aber reichhaltig und schokoladig. Der Himbeergeschmack passt wunderbar zur Schokolade. Wenn Sie es zeitlich nicht schaffen, Mousse zuzubereiten, servieren Sie den Kuchen einfach mit frischen Himbeeren. Dieser Biskuitteig eignet sich als Basis für alle möglichen Schokoladenkuchen oder -Cupcakes.

Den Boden von zwei Backformen (23 cm Durchmesser und 4 cm Höhe) einfetten und mit Backpapier auslegen.

Teig: Mehl, Kakaopulver, Kaffeepulver, Backpulver, Natron und Salz in eine große Schüssel sieben. In einer anderen Schüssel Sojamilch, Ahornsirup, Öl, Vanilleextrakt und Essig mit dem Schneebesen verrühren. Die trockenen und die flüssigen Zutaten kurz miteinander verrühren. Den Teig gleichmäßig aufgeteilt in die vorbereiteten Backformen gießen. Etwa 30–40 Minuten backen, beziehungsweise bis bei beiden Kuchen ein in die Mitte gestecktes Stäbchen sauber wieder herausgezogen wird und der Teig anfängt, sich vom Rand der Backform zurückzuziehen. Auf einem Gitter in den Formen 20 Min. abkühlen lassen. Kuchen auf das Gitter stürzen und vollständig abkühlen lassen.

Creme: Geraspelte Schokolade im Wasserbad schmelzen lassen (siehe unten stehenden Kasten). Tofu, Kakao, Agavendicksaft und Vanilleextrakt mit der Küchenmaschine glatt und cremig rühren. Die geschmolzene Schokolade hinzufügen und gut einarbeiten. Dabei die Masse an der Rührschüsselwand zwischendurch mit einem Spatel nach unten schieben. Die fertige Creme in eine Schale geben, abdecken und für etwa eine Stunde kühl stellen, bis sie fest genug ist, um sie zu verstreichen.

Himbeermousse: Wasser und Agar-Agar-Pulver in einem schweren Soßentopf anrühren und 15 Min. einweichen lassen. Auf großer Flamme zum Kochen bringen, anschließend die Flamme kleiner drehen und 15 Minuten köcheln lassen, dabei häufig umrühren. In einen Mixer geben, die aufgetauten Himbeeren und den Agavendicksaft hinzugeben und alles glatt pürieren. Das Püree in eine Schale geben und die frischen Himbeeren einrühren. Abdecken und kühl stellen, bis das Püree kalt ist. Vor dem Servieren umrühren.

Zusammensetzen: Einen Teigboden auf eine Kuchenplatte legen und mit 1½ Tassen Creme bestreichen. Den zweiten Boden auflegen. Die restliche Creme mit einem Spatel über die Seiten und die Oberseite der Torte verteilen. Mit Himbeermousse servieren.

*Abdruck mit Genehmigung von Ann Gentry, *The Real Food Daily Cookbook: Really Fresh, Really Good, Really Vegetarian*, Ten Speed Press, 2005.

Für 12 Portionen

Teig
- 450 g Gerstenmehl
- 90 g Kakao
- 30 g koffeinfreier löslicher Kaffee (oder Kaffee-Ersatz in Pulverform)
- 1½ Teelöffel Backpulver
- 1½ Teelöffel Natron
- 1 Teelöffel Meersalz
- 500 ml Sojamilch
- 375 ml Ahornsirup
- 180 ml mild schmeckendes Öl, z. B. Sonnenblumenöl
- 1½ Teelöffel Vanilleextrakt
- 3 Teelöffel Apfelessig

Creme
- 400 g geraspelte Schokolade
- 720 g fester Seidentofu
- 120 g Kakao
- 80 ml Agavendicksaft
- 2 Teelöffel Vanilleextrakt

Himbeermousse
- 180 ml Wasser
- ¼ Teelöffel Agar-Agar-Pulver
- 200 g aufgetaute Tiefkühl-Himbeeren
- 80 ml Agavendicksaft
- 100 g frische Himbeeren

{ E-Herd 170°C
Gasherd Stufe 3 }

Kaffee-Walnuss-Torte

Das ist wirklich meine Lieblingstorte. Nicht so süß wie Schokoladentorte, dafür durch die Walnüsse mit herrlichem Knabbergenuss. Scheuen Sie bitte keinen Umweg, um Fairtrade-Kaffee aus Bio-Anbau zu besorgen, wenn Sie können. Für die Kaffeebauern und ihre Familien bedeutet das viel. Man kann die Torte genau so gut mit entkoffeiniertem Kaffee oder einem Kaffee-Ersatz backen. Achten Sie auf jeden Fall darauf, doppelt so viel Kaffeemehl zu verwenden wie normalerweise, um die nötige Geschmacksintensität zu erreichen.

Den Boden von zwei Kuchenformen (Durchmesser 20 cm) einfetten und mit Backpapier auslegen.

Zunächst eine Tasse Kaffee mit doppelter Menge an Kaffeemehl bzw. Kaffee-Ersatz kochen und abkühlen lassen. Mit dem Schneebesen Soja- oder Reismilch in einer kleinen Schale oder einem Krug mit dem Apfelessig verrühren und einige Minuten stehen lassen. Anschließend Öl, Vanilleextrakt und Kaffee einrühren. Mehl, Natron, Backpulver und Salz in eine große Schüssel sieben. Den Zucker zu der Mehlmischung geben. Anschließend die trockenen und die flüssigen Zutaten zusammengeben und glatt schlagen. Wenn der Teig zu trocken ist, etwas Sojamilch zufügen, bis er so flüssig ist, dass er leicht vom Löffel fällt. Gehackte Walnüsse einrühren. Teig gleichmäßig auf die Backformen verteilen. Etwa 25–30 Minuten backen, bis sich der Biskuit etwas vom Rand der Form löst. Kuchen noch fünf Minuten in der Form lassen, dann auf ein Gitter stürzen. Nach dem Abkühlen mit der Kaffee-Creme bestreichen.

Zubereitung der Creme: Streichfett, Salz und ein Viertel des Puderzuckers (eine halbe Tasse) mit dem Handrührgerät schaumig schlagen. (Wenn Sie kein Handrührgerät haben, können Sie auch eine Küchenmaschine benutzen, aber die Creme wird eventuell nicht so locker.) Fügen Sie nach und nach den restlichen Puderzucker hinzu, jedes Mal eine halbe Tasse voll, die Sie jeweils gut einrühren. Wenn der Zucker gut eingearbeitet ist, Vanilleextrakt und Kaffee zufügen und gut einrühren. Die Creme sollte locker und schaumig sein. Wenn sie zu fest ist, mehr Kaffee oder etwas Sojamilch hinzufügen, und wenn sie zu flüssig ist, etwas mehr Puderzucker darüber sieben.

Die Hälfte der Creme auf den abgekühlten Teigboden streichen, zweiten Boden auflegen und Rest der Creme auf der Oberseite verteilen. Mit Walnusshälften dekorieren.

Für 8–10 Portionen

Teig

- 2 Esslöffel (40 ml) doppelt starken Kaffee oder Kaffee-Ersatz, abgekühlt
- 250 ml Sojamilch oder Reismilch
- 3 Teelöffel Apfelessig
- 80 ml mild schmeckendes Öl, z. B. Sonnenblumenöl
- 1 Teelöffel Vanilleextrakt
- 280 g Vollkornmehl
- 1 Teelöffel Natron
- 1 Teelöffel Backpulver
- ½ Teelöffel Salz
- 150 g Zucker
- 50 g gehackte Walnüsse, zusätzlich 8 Walnusshälften zum Dekorieren

Kaffee-Creme

- 100 g milchfreies Streichfett mit einer Messerspitze Salz
- 320 g gesiebter Puderzucker
- 1 Teelöffel Vanilleextrakt
- 2 Esslöffel doppelt-starken Kaffee, abgekühlt

{ E-Herd 170°C
Gasherd Stufe 3 }

Möhren-Gewürz-Kuchen

Dieses Rezept ist jahrelang immer weiter perfektioniert worden, sodass dieser saftige Möhrenkuchen mit einer genau ausbalancierten Menge an Gewürzen dabei herausgekommen ist – vollwertig und mit gerade der richtigen Menge an süßem, cremigen Guss. Ich würze den Kuchen mit Akaziensamen, einem typisch australischen Gewürz mit einem reichen Aroma von Nüssen und Kaffee. Wenn Sie dieses spezielle Gewürz nicht verwenden können, machen Sie sich nichts daraus. Sie könnten stattdessen etwas anderes ausprobieren, beispielsweise Fünf-Gewürze-Pulver, Koriander oder gar eine kleine Messerspitze Cayenne.

Den Boden einer Kastenform (23 cm) einfetten und mit Backpapier auslegen.

Teig: Möhren reiben und gegebenenfalls Akaziensamenpulver einweichen. Die geriebenen Möhren in einer großen Pfanne bei geringer Hitze einige Minuten dünsten, dabei ab und zu umrühren. Abkühlen lassen. Soja- bzw. Reismilch und Apfelessig in einem Schälchen oder Krug mit dem Schneebesen verrühren und einige Minuten stehen lassen, dann Öl und Vanilleextrakt zugeben und verquirlen. Mehl, Natron, Backpulver, Gewürze und Salz in eine große Schüssel sieben. Zucker hinzufügen. Möhren, gehackte Walnüsse und Rosinen einrühren. Das eingeweichte Akaziensamenpulver in die Sojamilchmischung geben, anschließend wird diese mit dem Mehl vermischt und der Teig glatt gerührt. Falls der Teig zu trocken ist, etwas Sojamilch zufügen, bis der Teig gerade so vom Löffel fällt. In die Kastenform füllen und 45–50 Minuten backen, bis nichts mehr am Holzstäbchen haften bleibt. Kuchen 10–20 Minuten in der Form abkühlen lassen und dann auf ein Gitter stürzen.

Creme-Guss: Streichfett, Vanilleextrakt, Salz und etwa eine viertel Tasse des Puderzuckers mit dem Handrührgerät schaumig schlagen. (Wenn Sie kein Handrührgerät haben, können Sie auch eine Küchenmaschine benutzen, aber die Creme wird eventuell nicht so locker.) Fügen Sie nach und nach den restlichen Puderzucker hinzu, also dreimal eine viertel Tasse voll, die Sie jeweils gut einrühren. Frischkäse und Zitronenschale hinzugeben und unterrühren. Je nachdem, wie flüssig der verwendete Frischkäse ist, eventuell eine weitere ¼ Tasse Puderzucker zugeben und verschlagen. Die Creme sollte locker und schaumig sein. Falls sie zu fest ist, etwas mehr Sojamilch einrühren. Falls sie zu flüssig ist, etwas mehr Puderzucker zugeben. Wenn Sie mit der Konsistenz zufrieden sind, schmecken Sie die Creme eventuell mit mehr geriebener Zitronenschale und Salz ab. Den Creme-Guss auf dem abgekühlten Kuchen verstreichen.

Für 10–12 Portionen

Teig
2–3 mittelgroße, fein geraspelte Möhren (350 g)
½ Teelöffel Akaziensamenpulver, eingeweicht in
1 Teelöffel heißem Wasser (nach Wahl)
250 ml Soja- oder Reismilch
1 Esslöffel Apfelessig
80 ml mildschmeckendes Öl, z. B. Sonnenblumenöl
½ Teelöffel Vanilleextrakt
140 g Vollkornmehl
120 g weißes Mehl
1 Teelöffel Natron
1 Teelöffel Backpulver
1½ Teelöffel Zimt
½ Teelöffel Muskat
¼ Teelöffel gemahlenen Kardamom
¼ Teelöffel gemahlenen Ingwer
½ Teelöffel Salz
130 g braunen Zucker
70 g grob gehackte Walnüsse
55 g Sultaninen oder Rosinen

Vanille-Frischkäse-Creme
50 g milchfreies Streichfett
½ Teelöffel Vanilleextrakt
¼ Teelöffel Salz
140–175 g Puderzucker, gesiebt
50 g veganer Frischkäse
1 Teelöffel abgeriebene Zitronenschale

{ E-Herd 170°C
Gasherd Stufe 3 }

Coox & Candy
Stuttgart, Deutschland

Vegan ist vieles, aber auf keinen Fall Verzicht, wie man spätestens bei einem mächtigen Stück Schwarzwälder Kirschtorte im Coox & Candy feststellen kann. In der historischen Stuttgarter Altstadt, ganz genau im Stadtviertel Bad Cannstatt, bereichert das Coox & Candy seit 2011 als erstes rein veganes Restaurant die Region mit seinen kulinarischen Ideen. Eine Oase des veganen Geschmacks – inmitten der eingeschworenen Gemeinde der Spätzles-Esser und Maultaschen-Fraktion.

Im Ernst: Es gelang den Quereinsteigern Kathrin Friedrich, Thomas Hanewald und Uta Späth mit etwas Ausdauer und großem Einfallsreichtum auch den traditionellen Cannstatter hinter'm Ofen hervorzulocken und für den fleischfreien Mittagstisch zu begeistern. Mittlerweile hat sich das Coox & Candy zum kulinarischen Nabel der Welt gemausert.

›Wir lassen uns von veganen Einflüssen rund um den Globus inspirieren!‹, erzählt Kathrin Friedrich. Die Reise durch die international-veganen Küchen beginnt zunächst vor der Haustür – mit deftiger Hausmannskost: Veggie-Schnitzel auf Salat, ein Gaumenerlebnis jenseits von trostlosem Tofukauen. Der Veggie-Fan wird außerdem mit mediterranen Spaghetti Tricolore, indischen Curry-Mango-Variationen, indonesischem Tempeh-Salat oder afrikanischen Leckerbissen verwöhnt.

Wer sich das Beste bis zum Schluss aufheben möchte, für den reicht Kathrin Friedrich noch einmal die Karte: Torten, Cupcakes, Tiramisu und verschiedene Eissorten haben die Zucker-Feen heute gezaubert. ›Darf's noch einen Nougat-Latte-Macchiato mit Soja- oder Hafermilch dazu sein?‹ Jede einzelne Kaffeebohne stammt aus fairem und biologischem Anbau.

Und da wäre noch der Orange-Utan, ein cremig-fruchtiger Smoothie aus Orangen und Bananen, für den man spätestens jetzt alles stehen und liegen lässt.

Coox & Candy
Veganes Restaurant
Sulzbachgasse 14, 70372 Suttgart
Deutschland
Tel: +49 (0) 711 50446004

www.coox-candy.de

Schoko-Nougat-Bananen-Erdnussbutter-Torte

Die Herstellung dieser Torte nimmt etwas Zeit in Anspruch. Allerdings lohnt sich der Aufwand besonders für festliche Anlässe – ein himmlisches Torten-Vergnügen.

Teig: Mehl mit Zucker, Kakao, Backpulver, Natron, Salz und Vanillezucker klumpenfrei verrühren, Kakao gleichmäßig verteilen. Sojamilch, Öl und Essig in Messbecher vermischen, kurz stehen lassen. Nasse und trockene Zutaten mischen, gut durchrühren. Springform gut einfetten, Teig in die Form geben, 45 – 50 Minuten backen. Stäbchenprobe machen! Kuchenboden ca. 3 Stunden auskühlen lassen. Tipp: Böden bereits am Vortag backen. Abgekühlte Böden in der Höhe dritteln oder vierteln.

Füllung: Sahne mehrere Stunden kalt stellen, sie lässt sich besser aufschlagen. Sahne unter Zugabe von Vanille und Sahnesteif aufschlagen. Tipp: Je nach Produkt braucht man weniger oder mehr Sahnesteif. Hulala wird fast von selbst fest: 2 TL auf 1 Liter Sahne. Bei Schlagfix: ¾ Sahnesteif-Packung verwenden. Bei Soyatoo: auf 1 Liter Sahne kommt mind. 1 Packung Sahnesteif. Sahnesteif gut verrühren (keine Klumpen). Fertige Sahne kühl stellen.

Erdnussbutter und Nougat bei Zimmertemperatur weich werden lassen oder über dem Wasserbad nachhelfen. Achtung: wer eine Mikrowelle hat, etappenweise schmelzen, z. B. 2 x 30 Sekunden. Bei längeren Zeiten bzw. Watt-Zahlen kann die Butter verbrennen!

Bananen schälen und in dünne Scheiben schneiden.

Sahne wie folgt aufteilen: ½ der Sahne mit der geschmolzenen Erdnussbutter verrühren, ¼ der Sahne mit Nougat mischen, ¼ der Sahne pur lassen.

Den untersten Boden mit der puren Sahne bestreichen, die Bananenscheiben verteilen. Zweiten Boden auflegen, mit der Nougatsahne bestreichen. Eine Schicht Bananen auflegen, den dritten Boden aufsetzen. Die Torte oben und an den Seiten mit der Erdnusssahne einstreichen, Rest zurückhalten für die Deko.

Dekoration: Sahnehäubchen verteilen, mit einem Hobel die Kuvertüre in grobe Spänen in die Mitte verteilen. Den Rand der Torte mit Krokant verzieren.

Für 12 Portionen

Teig
450 g Weizenmehl
300 g Zucker
80 g dunkles Kakaopulver, gesiebt
100 g Schokostreusel
3 Teelöffel Backpulver
1 Teelöffel Natron
1 Prise Salz
1 Teelöffel Vanillezucker
400 ml Sojamilch
100 ml neutrales Öl, z. B. Rapsöl
1 Teelöffel Tafelessig
Fett für die Springform (28 - 30 cm Durchmesser)

Füllung
1 l Sojasahne
1 - 1 1/2 Packungen Sahnesteif
1 Packung Vanillezucker oder 2 Teelöffel gemahlene Vanille
150 g Erdnussbutter
50 g veganes Nougat
3 große reife Bananen

Dekoration
vegane dunkle Kuvertüre
250 g Krokant

{ E-Herd 175°C
Gasherd Stufe 3 }

Saftiger Früchtekuchen

Dieser Kuchen ist schön saftig, weil das Marzipan und die Früchte ihn durch und durch weich und klebrig machen. Passen Sie auf, dass Sie ihn nicht zu lange backen, sonst haben Sie am Ende ›Trockenen Früchtekuchen‹, was nicht ganz dasselbe ist. Dieser Kuchen wird besser, je länger er durchzieht; warten Sie also ein paar Tage, bevor Sie ihn essen – wenn Sie das können.

Legen Sie Boden und Seiten einer hohen Springform (Durchmesser 20 cm) mit einer doppelten Lage Backpapier aus, und zwar so, dass das Backpapier etwa 5 cm über den oberen Rand hinausragt.

Am Vortag das Marzipan in Würfel von 1 cm Seitenlänge zerschneiden und in einer Lage auf einem Backblech oder in einer Gefrierbox ausbreiten. Über Nacht gefrieren lassen. Kleingeschnittene Aprikosen und Birnen sowie die Sultaninen und den Saft in eine große Schüssel geben. Abdecken und über Nacht einweichen lassen.

Wasser nach und nach mit Leinsamen bzw. Ei-Ersatz in einer kleinen Schale oder einem Krug verrühren und die Masse schaumig schlagen. Etwa 5 bis 10 Minuten quellen lassen.

Mehl, Backpulver und Salz in eine große Schüssel sieben. Gemahlene Mandeln, Zitronenschale und Zucker zum Mehl geben. Leinsamenmasse, Öl und das gefrorene Marzipan mit den eingeweichten Früchten verrühren. Dann das Mehl dazugeben und gründlich unterrühren. Der Teig sollte anschließend schwer zu rühren sein. Um die Konsistenz zu prüfen, halten sie einen Löffel voll davon hoch – der Teig sollte schwer reißend vom Löffel fallen. Falls er zu trocken ist, etwas mehr Orangensaft zugeben, um ihn etwas lockerer zu machen. In die Backform füllen und glatt streichen.

Etwa 2 Stunden backen, bis der Kuchen gar, aber nicht zu trocken ist. Um zu prüfen, ob der Kuchen fertig ist, stechen Sie in der Mitte mit einem Stäbchen hinein – wenn an dem Stäbchen nichts haftet, ist der Kuchen durchgebacken. Falls er zu braun wird, bevor er durch ist, muss er mit Alufolie abgedeckt werden. Anschließend aus dem Ofen nehmen und die Form zum Abkühlen auf ein Gitter stellen. Nach dem Abkühlen aus der Form nehmen und in Backpapier und Alufolie einschlagen, damit der Kuchen seine Feuchtigkeit behält.

Für 10–12 Portionen

- 1 Packung Marzipan (250 g)
- 150 g getrocknete Birnen, klein geschnitten
- 150 g getrocknete Aprikosen, klein geschnitten
- 150 g Sultaninen
- 125 ml Orangensaft
- 2 Esslöffel gemahlene Leinsamen (oder falls nicht vorhanden, 3 Teelöffel Ei-Ersatz)
- 125 ml Wasser
- 200 g Vollkornmehl oder Dinkelmehl
- 1 Teelöffel Backpulver
- ½ Teelöffel Salz
- 45 g gemahlene Mandeln
- 1 Teelöffel Zitronenschale
- 100 g brauner Zucker
- 125 ml mildschmeckendes Öl, z. B. Sonnenblumenöl
- 1–2 Esslöffel Orangensaft

{ E-Herd 140°C
Gasherd Stufe 1 }

Haselnuss-Cupcakes mit Mokkacremefüllung*

Falls Sie nicht schon ein Exemplar von Vegan Cupcakes Take Over the World von Isa Chandra Moskowitz und Terry Hope Romero besitzen, sind Sie zu bedauern. Da die beiden gewissermaßen den Standard für vegane Cupcakes gesetzt haben, gibt es für mich schlichtweg keinen Grund, damit konkurrieren zu wollen. Ich habe also bei Isa and Terry nachgefragt, ob ich eines meiner Lieblingsrezepte aus ihrem Buch wiedergeben könnte. Sie haben gern ihre Zustimmung gegeben, das Rezept auch hier zu veröffentlichen. Diese Cupcakes werden Sie überzeugen, sich gleich eine Ausgabe ihres Buchs zu besorgen.

12 Papierformen in eine Muffinform stellen.

Teig: die Haselnüsse in einer Küchenmaschine oder in der Kaffeemühle fein mahlen. Gemahlene Haselnüsse, Mehl, Backpulver, Natron, Zimt, Muskat und Salz in eine große Schüssel sieben. Reismilch und gemahlene Leinsamen in einer kleinen Schale mit dem Schneebesen verrühren. Öl, Ahornsirup, braunen Zucker und Extrakt dazu geben und gut mit der Milchmischung verschlagen. Die flüssige Mischung zu der trockenen Mischung geben und glatt rühren. Die Papierförmchen 2/3 hoch mit dem Teig füllen. 22–24 Minuten backen, bis an einem in die Mitte eingesteckten Stäbchen nichts mehr haftet. Die Cupcakes vor dem Füllen auf einem Gitter vollständig auskühlen lassen.

Mokkacremefüllung: Schokolade zerkleinern und im Wasserbad schmelzen lassen (**siehe S. 32**). Den Kaffee bzw. Kaffee-Ersatz in einer kleinen Menge kochenden Wassers auflösen. Alle Zutaten außer der Schokolade in der Küchenmaschine vollständig glatt rühren. Dann die geschmolzene Schokolade hinzugeben und einrühren, dabei die Masse an der Rührschüsselwand zwischendurch mit einem Spatel nach unten schieben. Die fertige Creme in eine Schale geben und etwa eine Stunde im Kühlschrank fest werden lassen.

FÜLLUNG UND DEKORATION

Eine Ganache herstellen (**siehe S. 189**) und die Haselnüsse grob hacken. Einen Spritzbeutel mit großer Tülle mit der Mokkacreme füllen.

Mit dem Finger oben in jeden Cupcake ein tiefes Loch machen. Die Löcher mit so viel Creme wie möglich füllen. Überschüssige Creme auf der Oberseite der Cakes entfernen.

Die Ganache auf die Cupcakes geben und mit gehackten Haselnüssen bestreuen. Im Kühlschrank abkühlen lassen, damit die Ganache fest wird.

*Abdruck mit Genehmigung von Isa Chandra Moskowitz und Terry Hope Romero, Vegan Cupcakes Take Over the World, Marlowe & Company, 2006.

Für 12 Stück

Teig
- 45 g Haselnüsse
- 135 g weißes Mehl
- 1 Teelöffel Backpulver
- ¼ Teelöffel Natron
- ½ Teelöffel gemahlener Zimt
- ¼ Teelöffel geriebene Muskatnuss
- ½ Teelöffel Salz
- 160 ml Reismilch oder Nussmilch
- 1 Esslöffel geschrotete Leinsamen
- 80 ml mild schmeckendes Öl, z. B. Sonnenblumenöl
- 60 ml Ahornsirup
- 100 g brauner Zucker
- 1 Teelöffel Vanilleextrakt

Mokkacremefüllung
- 1½ Tafeln (150 g) Schokolade
- 160 g Seidentofu
- 2 Esslöffel Sojamilch
- 1–2 Esslöffel Agavendicksaft oder Ahornsirup, nach Belieben
- 2 Teelöffel löslicher Kaffee oder Kaffee-Ersatz
- 2 Teelöffel Haselnusslikör (nach Belieben)
- 1 Teelöffel Vanilleextrakt

Guss
- ½ Rezept Schokoladen-Ganache (S. 169)
- 70 g geröstete Haselnüsse (s. S. 15)

{ E-Herd 180°C
Gasherd Stufe 4 }

Schokoladentorte

Einfach himmlisch – eine glutenfreie Torte mit einem zart schmelzenden, schokoladigen und nicht zu süßen Tofu-Creme-Guss. Wundern Sie sich nicht, dass die Torte nicht wie ein Biskuit aufgeht – sie ist saftig und von dichter Konsistenz und bleibt eher flach oder sinkt sogar etwas ein. Sie ist nicht misslungen, geben Sie den Guss darauf – sie wird wunderbar schmecken. Die Torte hält sich im Kühlschrank bis zu drei Tage, falls Sie sie so lange stehen lassen können.

Den Boden einer runden Kuchenform (Durchmesser 23 cm) einfetten und mit Backpapier auslegen.

Teig: Kakao, Mehl, Backpulver, Natron und Salz in eine Schüssel sieben. Den Zucker hinzufügen. Tofu, Ahornsirup, Öl, Vanille und Apfelessig mit der Küchenmaschine oder im Standmixer gründlich zu einer homogenen Flüssigkeit vermengen. Kaffee hinzufügen und nochmals mixen. Die Flüssigkeitsmischung zu der Mehlmischung geben und mit dem Schneebesen glatt rühren. Teig in die Form gießen und gleichmäßig verteilen. 20 Minuten backen - beziehungsweise bis der Kuchen sich vom Rand der Form löst. In der Form abkühlen lassen. Nach dem Abkühlen auf eine Platte stürzen und das Backpapier abziehen.

Creme-Guss: Die Schokolade im Wasserbad schmelzen lassen **(siehe S. 32).** Die Zutaten mit der Küchenmaschine glatt rühren. Die geschmolzene Schokolade zufügen und einrühren. Dabei die Masse an der Rührschüsselwand zwischendurch mit einem Spatel nach unten schieben. Die Creme in eine Schüssel geben und etwa eine Stunde kühl stellen, bis sie fest wird. Als dicke Schicht auf der Torte verteilen.

Für 6–8 Portionen

Torte
- 35 g Kakao
- 135 g glutenfreie Mehlmischung 1 (S. 45) oder anderes glutenfreies Mehl
- ½ Teelöffel Backpulver
- ½ Teelöffel Natron
- ¼ Teelöffel Salz
- 100 g Zucker
- 120 g Seidentofu
- 60 ml Ahornsirup
- 60 ml mild schmeckendes Öl, z. B. Sonnenblumenöl
- 1 Teelöffel Vanilleextrakt
- 1 Teelöffel Apfelessig
- 2 Teelöffel doppelt starken Kaffee oder Kaffee-Ersatz

Creme-Guss
- 120 g Seidentofu
- 2 Esslöffel Ahornsirup
- 2 Esslöffel Soja- oder Reismilch
- 1 Teelöffel Vanilleextrakt
- 1 Tafel (100 g) Schokolade

{ E-Herd 180°C
Gasherd Stufe 4 }

Vital-Kuchen

GF ZR

Eine Freundin von mir bot mir eine Variante dieses Kuchens zum ersten Mal an. Für sie war es ›der Kuchen für die Wechseljahre‹, weil er so viele gesunde Nährstoffe für Frauen in diesem Lebensabschnitt enthält. Ich nenne ihn lieber ›Vital-Kuchen‹ – wegen der vorteilhaften gesundheitsfördernden Zutaten für Frauen – und Männer – jeden Alters. Dieser Kuchen enthält keinen Fett- oder Zuckerzusatz, sondern nur die gesunden Pflanzenöle aus den enthaltenen Nüssen und Samen sowie den natürlichen Fruchtzucker. Aus diesem Grund hält er sich nicht so gut wie Früchtekuchen, sollte also am besten innerhalb von zwei bis drei Tagen gegessen werden. Als ich ihn das letzte Mal gebacken habe, hatte ich es eilig und stellte fest, dass er sehr lecker ist, wenn er noch ofenwarm ist.

Den Boden einer runden Kuchenform (Durchmesser 23 cm) oder einer Kastenform (21 cm x 30 cm) einfetten und mit Backpapier auslegen.

Für das Dattelpüree die Datteln mit dem Wasser in einem Stieltopf 10 Minuten köcheln lassen, bis sie zartweich sind. Abkühlen lassen und anschließend im Mixer oder mit der Küchenmaschine pürieren.

Das Mehl mit Backpulver, Kakao oder Carobpulver und den Gewürzen durchsieben. Trockenfrüchte, Samen und Nüsse dazugeben.

Dattelpüree und Zitronen- und Orangensaft einrühren. Wenn der Teig noch zu steif oder trocken ist, etwas Soja- oder Reismilch zugeben. In die vorbereitete Backform geben und glatt streichen. Etwa 1–1¼ Stunden backen, bis die Kruste fest ist und ein hineingestecktes Stäbchen sauber herausgezogen wird. Die Form aus dem Ofen nehmen und auf ein Gitter stellen. Den Kuchen nach dem Abkühlen aus der Form nehmen und zum Frischhalten in Backpapier und Alufolie wickeln.

Für 12–16 Portionen

Dattelpüree
250 g entsteinte, kleingeschnittene Datteln
300 ml Wasser

Teig
185 g Vollkornmehl oder glutenfreie Mehlmischung 1 (S. 55)
1 Teelöffel Backpulver
1 Esslöffel Kakao oder Carobpulver
1 Teelöffel Zimt
1 Teelöffel gemischte Gewürze
¼ Teelöffel Muskat
500 g Trockenfrüchte nach Belieben: Sultaninen, Rosinen, kleingeschnittene Aprikosen oder Pflaumen (Falls das Trockenobst zu hart ist, etwa 2 Stunden in warmem Wasser einweichen)
75 g Samen nach Belieben: Sonnenblumenkerne, Sesam, Leinsamen, Kürbiskerne
80 g gemahlene Mandeln oder andere gemahlene Nüsse
Saft von 1 Orange und 1 Zitrone
etwas Reis- oder Sojamilch

{ E-Herd 140°C
Gasherd Stufe 1 }

Schwarzwälder Kirschtorte

GF ZR R

Naja, normalerweise erwartet man das nicht von einer Schwarzwälder Kirschtorte: Glutenfrei. Zuckerreduziert. Rohkost. Aber wenn es eine Torte gibt, die imstande ist, jegliches Misstrauen auszuräumen und zu beweisen, dass Rohkost geradezu dekadent köstlich sein kann, dann diese hier. Schokolade, Kirschen, Cashewsahne, Macadamia-Schoko-Streusel . . . was soll man dagegen sagen? Die Herstellung nimmt ein bisschen Zeit in Anspruch, aber – für ein festliches Mahl – lohnt sich der Aufwand ganz bestimmt. Die Zubereitung besteht aus verschiedenen Stufen, deshalb sollten Sie das Rezept sorgfältig durchlesen, bevor Sie anfangen. Planen Sie genug Zeit zum Einweichen und zum Kühlen ein.

Etwa zwei Stunden bevor Sie anfangen wollen, weichen Sie die Cashews für die Sahne und die Haselnüsse für die Cremefüllung ein. Stellen Sie sich alle Zutaten bereit, am besten in der Reihenfolge, in der Sie sie verwenden. Ich rate dazu, zuerst die Schokolade, die Cashewsahne und die Schokosauce zuzubereiten, und anschließend den Macadamia-Streuselteig und die Haselnuss-Mousse, bevor dann alles zusammengesetzt wird.

Ein Rezept Rohschokolade anrühren, auf ein mit Backpapier ausgelegtes Blech streichen und in den Gefrierschrank stellen. Cashewsahne herstellen, Rohschokoladensauce zubereiten, beides kühl stellen.

Macadamia-Schoko-Streuselteig: Macadamia-Nüsse, Kakaopulver, Carobpulver, Vanillemark und Salz mit der Küchenmaschine zu einer krümeligen Masse vermengen. Datteln und Agavendicksaft dazugeben und einarbeiten, bis die Mischung einen Kloß bildet. Die Mischung in zwei Hälften teilen. Eine Hälfte auf dem Boden einer Springform (Durchmesser 18 cm, Höhe mindestens 10 cm) verteilen und festdrücken. Andere Hälfte des Teigs im Kühlschrank zurücklegen.

Schoko-Haselnuss-Mousse: Zunächst die Haselnussmilch zubereiten. Das ist einfacher als es scheint. Die eingeweichten Haselnüsse werden mit dem Wasser bei hoher Geschwindigkeit im Standmixer zerkleinert, bis die Nüsse so fein wie möglich sind. Dann wird die Flüssigkeit durch ein feines Sieb oder nach Möglichkeit durch ein Seihtuch in einen großen Krug oder eine Schale gegeben. Die Masse fest ausdrücken, die Nussfasern werden nicht benötigt. Kakao, Carob, Vanillemark, Datteln, Ahornsirup und Salz in den Mixer geben, und die Haselnussmilch beim Mixen nach und nach hinzufügen. Wenn die Mischung glatt gerührt ist und die gesamte Milch zugefügt wurde, Lecithin, Kokosöl und Psylliumpulver dazugeben, dabei den Mixer weiterlaufen lassen. Die Masse in die Backform geben. Durch Kühlen fest werden lassen.

Für 12 Tortenstücke

- 1 Rezept Rohschokolade (S. 207)
- 1 Rezept Cashewsahne (S. 187)
- ½ Rezept Rohschokoladensauce (S. 190)
- Etwa 225 g frische Traubenkirschen (Prunus serotina), halbiert und entsteint
- 6–8 ganze Kirschen zur Dekoration

Macadamia-Schoko-Streusel

- 200 g Macadamianüsse
- 30 g Kakaopulver
- 2 Esslöffel Carobpulver
- Mark aus 1 Vanilleschote
- 1 Prise Salz
- 100 g Medjool-Datteln, zerkleinert
- 1 Esslöffel Agavendicksaft

Schoko-Haselnuss-Mousse

- 140 g Haselnüsse, eingeweicht
- 375 ml Wasser
- 30 g Kakaopulver
- 2 Esslöffel Carobpulver
- Mark aus 1 Vanilleschote
- 100 g Medjool-Datteln, zerkleinert
- 2 Esslöffel Ahornsirup
- 1 Prise Salz
- 1 Esslöffel Sojalecithin (siehe S. 17)
- 60 ml Kokosöl
- 1 Teelöffel Psylliumpulver (siehe S. 17)

Die entsteinten, halbierten Kirschen auf der Mousse verteilen, anschließend die Cashewsahne über die Kirschen gießen. Den zurückgelegten Macadamia-Schoko-Streuselteig mit der Hand zerbröseln und obendrauf verstreuen. Schokoladensauce über die Streusel träufeln. Die Rohschokolade zersplittern und die Splitter in den Kuchen stecken. Mit ganzen Kirschen dekorieren. Mindestens eine Stunde im Gefrierschrank fest werden lassen oder über Nacht in den Kühlschrank stellen.

Wenn die Torte serviert werden soll, drücken Sie den Boden der Form vorsichtig hoch. Beim Entfernen der Umrandung kann die Torte etwas zusammenfallen, je nachdem, wie fest die Mousse und die Sahne sind und wie lange die Torte gekühlt wurde. Aber das schadet nicht – sie wird himmlisch schmecken.

Drei Arten von Vanillebiskuit
Grundrezept

Dies ist ein Tortenbodenbiskuit, der sich für alle möglichen Kuchen eignet: Cupcakes, Schichttorten, Kastenkuchen, Trifle oder Tiramisu. Die angegebene Menge reicht für 12 kleine Cupcakes, eine kleine Kastenform (23 cm), eine runde Form mit 23 cm Durchmesser oder eine quadratische Form (23 cm). Verdoppeln Sie das Rezept, wenn Sie eine doppelstöckige Torte backen möchten.

Form einfetten und mit Backpapier auslegen. Wenn eine Muffinform verwendet wird, 12 Papierförmchen hineinstellen.

Mehl, Natron, Backpulver und Salz in eine große Schüssel sieben. Milch und Apfelessig in einer Schale oder einem großen Krug vermischen und zum leichten Andicken einige Minuten stehen lassen. Öl, Zucker und Vanilleextrakt hinzugeben und mit dem Schneebesen verschlagen. Die Flüssigkeit zu den trockenen Zutaten geben und sorgfältig mit einem Spatel umrühren, sodass das Mehl gut verteilt wird. Teig in die Form gießen und die Form leicht bewegen, um den Teig gleichmäßig zu verteilen.

Entsprechend der unten angegebenen Backzeiten backen, bis der Teig aufgegangen und goldgelb ist und nicht zu sehr wackelt, wenn man die Form ein wenig kippeln lässt. Kuchen aus dem Ofen nehmen und Garprobe mit einem Holzstäbchen in der Mitte der Form machen – wenn noch Teig haften bleibt, Backzeit verlängern. Achten Sie aber darauf, den Teig nicht zu lange zu backen, sonst wird der Biskuit trocken und an den Rändern zu knusprig! Etwa 5 bis 10 Minuten in der Form abkühlen lassen, herausnehmen und auf einem Gitter weiter abkühlen lassen.

Backzeiten
Cupcakes: 20–25 Minuten.

Runde oder quadratische Form (23 cm): 25–30 Minuten.

Kastenform (23 cm): 35–40 Minuten.

Variationen
Kakao: ⅓ Tasse Mehl durch Kakao ersetzen.

Zitrone: abgeriebene Schale einer Zitrone zum Teig geben, Vanilleextrakt durch 1 Esslöffel Zitronensaft oder ¼ – ½ Teelöffel Zitronenextrakt ersetzen.

Orange: abgeriebene Schale einer Orange zum Teig geben, Vanilleextrakt durch 1 Esslöffel Orangensaft oder ¼ – ½ Teelöffel Orangenextrakt ersetzen.

Mandel: ½ Tasse Mehl durch gemahlene Mandeln ersetzen, ¼ – ½ Teelöffel Mandelextrakt hinzufügen.

---

240 g Mehl
½ Teelöffel Natron
1 Teelöffel Backpulver
½ Teelöffel Salz
250 ml Sojamilch
3 Teelöffel Apfelessig
80 ml mild schmeckendes Öl, z. B. Sonnenblumenöl
130 g Zucker
1 Teelöffel Vanilleextrakt

{ E-Herd 170°C
Gasherd Stufe 3 }

Weizenfrei

Dies ist eine weizenfreie (allerdings nicht glutenfreie) Version des Vanillebiskuits, die auch sojafrei ist. Das Rezept ist eine leichtere, etwas trockenere und weniger süße Variante des Grundrezepts – es eignet sich gut für Trifle und Tiramisu oder für Cupcakes oder Schichttorten mit viel Creme. Der Kuchen hat eher den Vollkorn-›Look‹ und Vollkorngeschmack und ist mit Sicherheit nahrhafter!

Form einfetten und mit Backpapier auslegen. Wenn eine Muffinform verwendet wird, 12 Papierförmchen hineinstellen.

Gerstenmehl, Natron, Backpulver und Salz in eine große Schüssel sieben. Milch und Apfelessig in einer Schale oder einem großen Krug vermischen. Reismilch wird nicht dickflüssig wie Sojamilch, sodass Öl, Ahornsirup, Vanilleextrakt und Zucker gleich mit dem Schneebesen eingerührt werden können. Die Flüssigkeit zu den trockenen Zutaten geben und sorgfältig mit einem Spatel umrühren, sodass das Mehl gut verteilt wird. Teig in die Form gießen und die Form leicht bewegen, um den Teig gleichmäßig zu verteilen.

Entsprechend der **auf Seite 53** angegebenen Backzeiten backen, bis der Teig aufgegangen und goldgelb ist und nicht zu sehr wackelt, wenn man die Form ein wenig kippeln lässt. Kuchen aus dem Ofen nehmen und Garprobe mit einem Holzstäbchen in der Mitte der Form machen – wenn noch Teig haften bleibt, Backzeit verlängern. Achten Sie aber darauf, den Teig nicht zu lange zu backen, sonst wird der Biskuit trocken und an den Rändern zu knusprig! Etwa 5 Minuten in der Form abkühlen lassen, herausnehmen und auf einem Gitter weiter abkühlen lassen.

Backzeiten und Variationsmöglichkeiten wie im Grundrezept angegeben.

325 g Gerstenmehl
½ Teelöffel Natron
1 Teelöffel Backpulver
½ Teelöffel Salz
3 Teelöffel Apfelessig
250 ml Reismilch
60 ml mild schmeckendes Öl, z. B. Sonnenblumenöl
60 ml Ahornsirup
1 Teelöffel Vanilleextrakt
100 g Zucker

{ E-Herd 170°C
Gasherd Stufe 3 }

Glutenfrei

Form einfetten und mit Backpapier auslegen. Wenn eine Muffinform verwendet wird, 12 Papierförmchen hineinstellen.

Mehl, Natron, Backpulver und Salz in eine große Schüssel sieben. Milch und Apfelessig in einer Schale oder einem großen Krug vermischen und zum leichten Andicken einige Minuten stehen lassen. Öl, Zucker, Agavendicksaft und Vanilleextrakt hinzugeben und alles mit dem Schneebesen verschlagen. Die Flüssigkeit zu den trockenen Zutaten geben und sorgfältig mit einem Spatel umrühren, sodass das Mehl gut eingearbeitet wird. Teig in die Form gießen und die Form leicht bewegen, um den Teig gleichmäßig zu verteilen.

Entsprechend der **auf Seite 53** angegebenen Backzeiten backen, bis der Teig aufgegangen und goldgelb ist und nicht zu sehr wackelt, wenn man die Form ein wenig kippeln lässt. Kuchen aus dem Ofen nehmen und Garprobe mit einem Holzstäbchen in der Mitte der Form machen – wenn noch Teig haften bleibt, Backzeit verlängern. Achten Sie aber darauf, den Teig nicht zu lange zu backen, sonst wird der Biskuit trocken und an den Rändern zu knusprig! Etwa 5 Minuten in der Form abkühlen lassen, herausnehmen und auf einem Gitter weiter abkühlen lassen.

Backzeiten und Variationsmöglichkeiten wie im Grundrezept angegeben.

- 280 g glutenfreie Mehlmischung 1 (siehe unten) oder anderes glutenfreies Mehl
- 1 Teelöffel Natron
- 1 Teelöffel Backpulver
- ½ Teelöffel Salz
- 250 ml Sojamilch
- 3 Teelöffel Apfelessig
- 125 ml mildes Öl, z. B. Sonnenblumenöl
- 100 g Zucker
- 60 ml Agavendicksaft oder Ahornsirup
- 1 Teelöffel Vanilleextrakt

{ E-Herd 170°C
Gasherd Stufe 3 }

Glutenfreie Mehlmischung 1 (speziell für Kuchen)

- 65 g Maisstärke
- 60 g Tapiokastärke
- 90 g Kartoffelstärke
- 60 g Reismehl
- 35 g Kichererbsenmehl (Besan)
- 40 g weißes Mohrenhirsemehl oder Buchweizenmehl

Die verschiedenen Mehlarten abmessen und in einer großen Schüssel gut vermischen.

Kapitel zwei

Leckereien zum Tee

Ich habe das Glück, in zwei Ländern gelebt zu haben, in denen man es richtig oder besser gesagt notwendig findet, dass im Lauf des Tages eine Pause für eine Tasse Tee und eine kleine Süßigkeit stattfindet. Ich bin in England geboren und aufgewachsen, wo, wie allgemein bekannt ist, der 4-Uhr-Tee eine nationale Institution und der englische Teeladen ein Kulturgut ist. Heute lebe ich in Australien, wo es nicht nur eine, sondern zwei tägliche Gelegenheiten für ›eine Kleinigkeit‹ gibt. Für Australier ist es nicht ungewöhnlich, vormittags etwa um 10 Uhr eine Teepause zu machen und eine weitere für den Nachmittagstee, etwa um 16 oder 17 Uhr. Einladungen für Zusammenkünfte von Freunden kommen oft mit der Aufforderung ›Bring bitte eine Kleinigkeit zum Morgen-/Nachmittagstee mit‹.

Meine Definition einer Leckerei zum Tee ist: nicht ganz so groß wie ein Kuchen und nicht so klein wie eine Süßigkeit. Sie sollte, ohne Schaden zu nehmen, in eine Box verpackt und im Korb mit in den Park oder an den Strand genommen werden können; sollte klein genug sein, dass man sie gut aus der Hand essen kann und sollte mengenmäßig für eine ganze Reihe Freunde reichen.

Las Vegan Nirvana

Ich war vorher schon zweimal in Melbourne gewesen und wurde häufig gefragt: ›Warst Du schon im Las Vegan Nirvana?‹ Ich konnte selbst nicht glauben, dass ich eine Lokalität mit so einem faszinierend klingendem Namen noch nicht erkundet hatte, deshalb war ich bei meinem dritten Besuch fest entschlossen, das nachzuholen. Ich kam an einem Freitagabend nach einer elfstündigen Zugfahrt aus Adelaide an. Da ich Riesenhunger hatte, fuhr ich mitsamt Gepäck mit der Straßenbahn nach Collingwood, einem von Melbournes trendigen Vierteln am Rand der City. Die Smith Street beherbergt eine bunte Mischung aus Cafés, Buch- und Plattenläden und Boutiquen. Nicht ganz so vornehm wie die Brunswick Street und auch stellenweise etwas lotterig vermittelt die Smith Street so ein bequemes, freundliches Gefühl – wie ein alter Lieblingspulli. Die Straße scheint sich schnell zu einem veganen Zentrum zu entwickeln – es gibt das Las Vegan Nirvana, das Trippy Taco (ein vegan-orientiertes mexikanisches Café) und das Ethical Wares (wo wunderschöne vegane Schuhe nach Maß verkauft werden).

Ich kam also im Las Vegan Nirvana an, – es sah eher so aus, als ob ich dort einziehen wollte –, parkte meinen Koffer und machte es mir in dem gemütlichen, farbenfrohen Speiseraum bequem. Es dauerte eine ganze Weile, die Speisekarte durchzusehen; sie enthielt jede Menge vollwertiger und verführerischer veganer Gerichte – alle von Grund auf in der eigenen Küche hergestellt und nach Möglichkeit mit Zutaten aus biologischem Anbau. Viele Gerichte waren auch glutenfrei. Ich entschied mich schließlich für den Nirvana Linsenburger, einen leckeren hausgemachten Bratling in einem hausgemachten Hamburger-Bun mit Unmengen von Salat. Genau das Richtige für mich. Aber – und das passiert mir immer wieder – danach war ich zu satt für ein Dessert, dabei war ich eigentlich deswegen gekommen. Ich hatte gehört, dass Muffins eine Spezialität des Las Vegan sind, also nahm ich zwei als Frühstück für den nächsten Tag mit – einen mit Sauerkirschen und einen mit Schokolade. Sie waren beide traumhaft, aber der Kirschmuffin war eindeutig der Sieger, und um Sie zu begeistern, habe ich das Rezept beschafft.

Das Las Vegan Nirvana wurde 1999 als vegane Bäckerei gegründet und wird seit 2005 als veganes Café betrieben.

Las Vegan Nirvana
22 Smith Street
Melbourne
Australien
Tel: +61 (0) 3 9415 9001 or
+61 (0) 433 457 591

www.lasvegan.com.au

Las Vegan Sauerkirsch-Muffins

Diese Muffins sind groß und klebrig und lecker, enthalten aber dabei überraschenderweise weniger Fett und Zucker als üblich.

Eine himmlische Köstlichkeit zum Nachmittagstee.

12 Papierformen in eine Muffinform stellen.

Kirschen abgießen und den Saft für den Teig und den Guss beiseite stellen.

Teig zubereiten: Mandeln mit der Küchenmaschine grob mahlen. Mehl, Natron und Zimt in eine große Rührschüssel sieben. Zucker und Mandeln zum Mehl geben und gut untermischen. Kirschsaft, Apfelsaft, Öl und Vanilleextrakt in einer Schale verrühren. Die Flüssigkeit zu den trockenen Zutaten geben und sorgfältig unterheben – nicht zu lange rühren. Kirschen einrühren. Falls nötig, etwas mehr Apfelsaft zugeben; der Teig soll recht locker, aber nicht zu flüssig sein.

Die Masse in die Formen füllen und 25–30 Minuten backen, bis an einem hineingesteckten Stäbchen nichts haften bleibt. Nicht zu lange backen.

Für den Guss den Kirschsaft mit dem Zucker in einem kleinen Topf erhitzen. Kurz aufkochen lassen und vom Herd nehmen. Die Muffins sofort nach dem Backen mit dem Sirup bestreichen, anschließend auf einem Gitter auskühlen lassen.

Für 12 Muffins

35 g Mandeln
400 g Weißmehl
½ Teelöffel Natron
½ Teelöffel Zimt
125 g Zucker
125 ml Kirschsaft
250 ml Apfelsaft
125 ml mild schmeckendes Öl, z. B. Sonnenblumenöl
½ Teelöffel Vanilleextrakt
225 g entsteinte Sauerkirschen

Guss

60 ml Kirschsaft
2 Esslöffel (25 g) Zucker

{ E-Herd 180°C
Gasherd Stufe 4 }

Schoko-Pekannuss-Brownies*

Dieses Rezept stammt aus dem allerersten veganen Dessert-Kochbuch, das ich hatte, Simple Treats von Ellen Abraham. Die Seite im Buch ist inzwischen mit Schokoklecksen und Anmerkungen wie »klasse« und »doppelt nehmen« übersät. Ich habe das Rezept im Lauf der Zeit abgeändert, hauptsächlich, um es glutenfrei zu machen – und um es zu verdoppeln! Es ist ganz sicher das beste Brownie-Rezept der Welt. Das Geheimnis ist die Süßkartoffel – sagen Sie das aber nicht laut, bevor jeder erklärt hat, wie lecker die Brownies sind. Ich mag die Brownies ganz besonders gern warm mit Vanilleeis.

Den Boden einer rechteckigen Form (20 cm x 30 cm) einfetten und mit Backpapier auslegen. Süßkartoffelpüree zubereiten und abkühlen lassen.

Mehl, Kakao, Backpulver und Salz in eine große Schüssel sieben und Nüsse, Schokoraspel und Zucker einrühren. Öl, Ahornsirup, Vanille, Sojamilch und Süßkartoffelpüree in einer Schale oder einem Krug mit dem Schneebesen verrühren. Die flüssige Mischung zu den Zutaten in der großen Schüssel geben und gut verrühren. Der Teig sollte so flüssig sein, dass er sich in die Form gießen lässt. Falls er zu fest ist, etwas mehr Sojamilch einrühren.

Teig in die Form gießen und 30–35 Minuten backen, bis er gerade durch ist. Das ist dann der Fall, wenn man die Oberfläche des Kuchens mit dem Finger leicht eindrücken kann und er sich elastisch wieder hochwölbt, und NICHT, wenn bei der Stäbchenprobe nichts mehr haften bleibt. Bei diesem Kuchen soll das Innere leicht feucht bleiben.

In der Form auskühlen lassen. In 12–15 Stücke schneiden.

* Abänderung mit Genehmigung von Ellen Abraham, *Simple Treats: a wheat-free, dairy-free guide to scrumptious baked goods*, Book Publishing Company, 2003

Für 12–15 Brownies

- ½ Tasse Süßkartoffelpüree (etwa 150 g Süßkartoffeln, geschält, gekocht und gestampft)
- 200 g glutenfreie Mehlmischung 1 (**S. 55**), oder anderes glutenfreies Mehl
- 120 g Kakao
- ¾ Teelöffel Backpulver
- ½ Teelöffel Salz
- 50 g Pecan- oder Walnüsse (wenn gewünscht)
- 100 g Raspelschokolade oder kleingehackte Schokolade
- 200 g Zucker
- 125 ml mild schmeckendes Öl, z. B. Sonnenblumenöl
- 125 ml Ahornsirup
- 2 Teelöffel Vanilleextrakt
- 180 ml Sojamilch

{ E-Herd 170°C
Gasherd Stufe 3 }

Steves Haferschnitten

GF ZR

Steve bäckt diese Haferschnitten schon seit Jahren ohne Rezept. Sie sind jedes Mal etwas anders, aber immer voller Gewürze und voller Fruchtstückchen, Nüsse und Samen. Anders als viele andere Haferschnitten (Flapjacks) ist diese hier überhaupt nicht fettig. Jeder isst sie gern. Ich habe Steve endlich darauf festgenagelt, mit mir zusammen ein Blech voll zu backen, sodass ich die einzelnen Zutaten abmessen konnte.

Den Boden einer quadratischen Form (20 cm) einfetten und mit Backpapier auslegen.

Zutaten vorab abmessen und ggf. zerkleinern, denn sobald Fett und Zucker geschmolzen sind, müssen die weiteren Zutaten rasch hinzugefügt werden.

Das milchfreie Fett in einer weiten Pfanne mit schwerem Boden bei niedriger Hitze schmelzen lassen. Zucker zugeben und warten, bis er sich gelöst hat. Die Sirupe hinzufügen. Wenn die Mischung sehr flüssig ist, vom Herd nehmen und alle anderen Zutaten bis auf die Haferflocken einrühren.

Den Großteil der Haferflocken dazugeben und gut einarbeiten. Falls noch Flüssigkeit stehen bleibt, mehr Haferflocken einrühren. Die Mischung soll saftig, aber nicht zu nass sein. Die genaue Menge an Hafer hängt davon ab, wie viel Flüssigkeit der Hafer aufnimmt. Instant-Haferflocken saugen wahrscheinlich mehr auf als beispielsweise Haferschrot, sodass davon weniger gebraucht wird.

Die Masse in die vorbereitete Form geben und gut festdrücken. In der Mitte des Backofens etwa 20–25 Minuten backen. Die Haferschnitten sind gar, wenn die Oberfläche trocken aussieht und sich trocken anfühlt. Das Innere sollte ein bisschen klebrig bleiben, sie sollten also nicht zu braun gebacken werden – die Haferschnitten lieber zu kurz als zu lange backen.

Aus dem Ofen nehmen und die Form zum Abkühlen auf ein Gitter stellen. Nach etwa 10 Minuten vom Rand der Form lösen und in 12 einzelne Haferschnitten aufteilen, weiter in der Form abkühlen lassen. Die Haferschnitten halten sich in einer luftdicht verschlossenen Dose mindestens eine Woche.

Ergibt 12 Portionen

65 g milchfreies Streichfett
65 g Zucker
2 Esslöffel Agavendicksaft oder Ahornsirup
1 Esslöffel brauner Reissirup oder Gerstenmalzsirup
75 g Walnüsse oder Paranüsse oder eine Mischung, grob gehackt
Jeweils 35 g Kürbiskerne, Sonnenblumenkerne und Sesam
80 g Rosinen oder Sultaninen
Jeweils 35 g Datteln und getrocknete Aprikosen, grob gehackt
1 Teelöffel Zimt
½ Teelöffel Gewürzmischung
200–250 g Haferflocken

{ E-Herd 170°C
Gasherd Stufe 3 }

Zimt-Apfel-Rosinen-Muffins

GF ZR

Diese Muffins sind glutenfrei und enthalten keinen raffinierten Zucker (… und können für Süßmäuler nach Wahl mit einer Zuckergarnierung gebacken werden). Sie bestehen hauptsächlich aus vollwertigen Zutaten und schmecken warm aus dem Ofen himmlisch mit einem Tässchen Tee.

Eine 6er- oder 12er-Muffinform einfetten oder Muffinformen aus Papier verwenden.

Mehl, Backpulver, Natron und Gewürze sieben. Gemahlene Nüsse einrühren. Öl, Ahornsirup oder Agavendicksaft, Vanilleextrakt und Reismilch mit dem Schneebesen verschlagen und zu den trockenen Zutaten geben. Kurz, d. h. keinesfalls zu lange, verrühren. Äpfel und Rosinen unterheben. Falls die Masse zu trocken ist, noch etwa zwei Esslöffel Reismilch hinzufügen.

Jeden Becher der Muffinform etwa zu drei Vierteln füllen. Falls gewünscht, mit dem Zimtzucker bestreuen.

18–22 Minuten backen, bis die Muffins aufgegangen und oben fest sind. Einige Minuten in der Form abkühlen lassen, dann mit einem Streichmesser die einzelnen Muffins rundum lösen, aus der Form heben und zum Abkühlen auf ein Gitter stellen.

Für 6 sehr große oder 12 mittelgroße Muffins

200 g glutenfreie Mehlmischung 1 **(S. 55)** oder anderes glutenfreies Mehl
1 Teelöffel Backpulver
½ Teelöffel Natron
1½ Teelöffel Zimt
¼ Teelöffel Muskat
70 g Mandeln oder Haselnüsse, gemahlen
60 ml mildes Öl, z. B. Sonnenblumenöl
60 ml Ahornsirup oder Agavendicksaft
1 Teelöffel Vanilleextrakt
125 ml Reismilch
55 g Rosinen
2 Äpfel ohne Kerngehäuse, geschält und in Stücken

Zimt-Zucker-Garnierung (nach Wahl)
Vermischen Sie:
2 Esslöffel braunen Zucker
½ Teelöffel Zimt

{ E-Herd 180°C
Gasherd Stufe 3 }

Anzac-Kekse

Dieses Gebäck stammt aus dem Ersten Weltkrieg und wurde von den Ehefrauen, Müttern und Freundinnen australischer Soldaten erfunden, die ihren Lieben etwas Nahrhaftes schicken wollten, das die lange Seereise überstehen würde. So entstand dieses Rezept aus Haferflocken, Zucker, Mehl, Kokosraspeln, Butter, hellem Sirup und Natron. Wegen des Kriegs waren Eier damals nicht einfach zu bekommen, weshalb das Rezept sich heute leicht in ein veganes Rezept umwandeln lässt. Meine Version ist etwas weniger süß als die traditionellen Kekse. Sie enthält auch weniger Fett und ist zudem weizenfrei. Nach Wahl kann mit Nüssen oder Samen der Nährwert noch zusätzlich erhöht werden, was fast immer gut ankommt.

Ein großes Backblech mit Backpapier auslegen.

Haferflocken, Kokosraspeln, Reismehl, Tapiokamehl und Salz vermengen. Nach Belieben Nüsse oder Samen hinzufügen.

Zucker, Sirup und Öl in einem kleinen Topf verschmelzen lassen. Anschließend Wasser zum Kochen bringen und das Natron mit zwei Esslöffeln kochendem Wasser übergießen. Rasch verrühren und mit in den Topf geben. Den schäumenden Inhalt des Topfs auf die trockenen Zutaten geben und alles vermengen.

Teelöffelgroße Portionen auf das Backblech platzieren und flach drücken. Etwa 10–12 Minuten backen, bis sie goldbraun sind. Blech aus dem Ofen nehmen und die Kekse auf dem Blech abkühlen lassen.

Für 14–16 Kekse

100 g Haferflocken
50 g Kokosraspeln
70 g braunes Reismehl
60 g Tapiokamehl
Prise Salz
1 Handvoll gehackte Nüsse oder Samen (je nach Wunsch)
100 g Zucker
2 Esslöffel heller Sirup
60 ml mildes Öl (Kokosnussöl ist gut geeignet)
1 Teelöffel Natron
2 Esslöffel kochendes Wasser

{ E-Herd 170°C
Gasherd Stufe 3 }

Mandel-Zitronen-Cantuccini

Bei einem Aufenthalt im italienischen Siena fiel uns überall dieses lecker aussehende Gebäck auf, das wir aber nicht probieren konnten, weil es nicht vegan war. Ich nahm mir dringend vor, zu Hause eine vegane Version davon zu entwickeln, und hier ist sie nun. Die Cantuccini werden auch »biscotti« genannt – das ist italienisch für »Gebäck« und bedeutete ursprünglich im Lateinischen ›zweimal gebacken‹, also Zwieback. Cantuccini ist die genauere Bezeichnung für diese Mandelgebäckscheiben aus der Toskana, die zum Eintunken oft mit einem Glas Vin Santo, einem Dessertwein aus der Region, serviert werden. Cantuccini halten sich in einer luftdichten Dose mehrere Wochen und eignen sich hervorragend als Weihnachtsgeschenk.

Ein großes Backblech einfetten und mit Backpapier auslegen.

Den Apfel mit etwas Wasser weichkochen und pürieren. (Falls Zeit für die Zubereitung fehlt, kann fertiges Apfelmus aus dem Glas verwendet werden.)

Die beiden Mehlsorten mit dem Backpulver und dem Salz sieben. Das Öl, die beiden Extrakte und einen halben Becher Apfelmus in einem Krug oder einer kleinen Schale verrühren. Die Flüssigkeit, Zucker, Zitronenschale und die ganzen Mandeln zum Mehl geben und zu einem weichen Teig verrühren. Falls die Masse zu trocken ist, etwas Wasser esslöffelweise darüber verteilen, bis der Teig zusammenbackt. Teig in zwei Hälften teilen und zu Laiben formen, die etwa 2 cm hoch und 5 cm im Durchmesser sein sollen.

Auf einem Backblech 25 Minuten backen. Aus dem Ofen holen und 5 Minuten abkühlen lassen. Die Laibe diagonal in etwa 2 cm dicke Scheiben schneiden. Die eingebackenen Mandeln lassen sich mit einem scharfen Messer leicht schneiden. Die Scheiben auf die Seite legen und 15 Minuten backen, wenden und weitere 15 Minuten backen, bis sie goldbraun und fest sind. Auf einem Kuchengitter auskühlen lassen.

Für 20–24 Stück

- 1 großer Apfel, geschält und klein geschnitten
- 160 g weißes Mehl
- 140 g Vollkornmehl
- 2 Teelöffel Backpulver
- ¼ Teelöffel Salz
- 3 Esslöffel mildes Öl, z. B. Sonnenblumenöl
- 1 Teelöffel Vanilleextrakt
- 2–3 Tropfen Mandelextrakt
- 150 g Zucker
- 1 Teelöffel abgeriebene Zitronenschale
- 140 g Mandeln, roh, mit Haut

{ E-Herd 170°C
Gasherd Stufe 3 }

Englische Scones mit Konfitüre und Sahne

Warum sollten Veganer sich das entgehen lassen – einen typisch englischen Nachmittagstee mit einer Kanne frisch aufgebrühtem Tee und selbstgebackenen Scones mit Konfitüre und Sahne? Geheimtipps für wunderbar luftig-leichte Scones:

- *Backpulver und Mehl mehrmals sieben, dabei das Sieb recht hoch über die Schüssel halten, damit das Mehl so viel Luft wie möglich aufnehmen kann*
- *Die Flüssigkeit mit einer Gabel nach und nach einrühren*
- *Den Teig so wenig wie möglich bearbeiten – ich benutze hierfür keine Teigrolle, sondern drücke den Teig nur mit der flachen Hand in Form*
- *Teig mit einer scharfkantigen Ausstechform ausstechen, dabei Teigreste möglichst vermeiden, da der erneut ausgerollte Teig nicht so gut aufgeht.*

Ein Backblech einfetten.

Sojamilch und Essig verrühren und zum leichten Andicken ein paar Minuten stehen lassen. Mehl, Backpulver, Natron und Salz mehrmals sieben, um Luft unter das Mehl zu mischen und die Triebmittel gut zu verteilen. Den Zucker untermischen und anschließend das Fett nur mit den Fingerspitzen einarbeiten, sodass eine krümelige Masse entsteht.

In die Mitte der Mehl-Fett-Mischung eine Vertiefung drücken und den Großteil der Milchmischung hineingeben. Mit einer Gabel das Mehl nach und nach einrühren. Der Rest der Milch wird eventuell nicht benötigt, kann aber zum Schluss zugegeben werden, wenn der Teig noch zu trocken ist.

Der fertige Teig sollte weich und elastisch sein. Er kann dann, ohne ihn weiter zu kneten, zu einem Kloß geformt werden.

Auf eine mit Mehl bestäubte Fläche legen und vorsichtig mit den Händen flach drücken, sodass der Teig noch mindestens 2,5 cm dick ist.

Mit einer scharfkantigen Ausstechform runde Teigplatten ausstechen und diese auf das Backblech legen. Die Teigreste verkneten und wieder flach ausbreiten, um noch etwa zwei weitere Scones auszustechen. Um das wiederholte Ausrollen zu vermeiden, kann der Teig auch einfach von Hand zu einer runden Teigplatte geformt und dann mit einem scharfen Messer in acht keilförmige Stücke geschnitten werden.

Im oberen Bereich des Backofens etwa 10–15 Minuten backen, bis die Scones aufgegangen und goldbraun sind. Aus dem Ofen nehmen und auf einem Gitter auskühlen lassen. Warm oder kalt mit Konfitüre oder Fruchtaufstrich und einer dicken Sojasahne **(S. 187)** servieren.

Für 6–8 große Scones

250 ml Sojamilch
1 Teelöffel Apfelessig
320 g Mehl
2 Teelöffel Backpulver
½ Teelöffel Natron
Prise Salz
1 Esslöffel Zucker
65 g milchfreies Streichfett

{ E-Herd 220°C
Gasherd Stufe 7 }

Schoko-Mandel-Karamell-Schnitte

Zugegeben, dieses Rezept ist sehr aufwendig und enthält obendrein viel zu viel Zucker und Fett. Aber probieren Sie's einfach mal aus – so wie es da steht, vielleicht nur einmal. Ich kann Ihnen versichern, dass es sich lohnt. Wenn Sie dann beim nächsten Mal diszipliniert bleiben wollen, setzen Sie den Vollkornmehl-Anteil höher an und verzichten auf die Karamell-Creme – der Kuchen schmeckt immer noch ausgezeichnet, ist aber nicht mehr ganz so »dekadent«.

Den Boden einer rechteckigen Form (20 cm x 30 cm) einfetten und mit Backpapier auslegen.

Teig: Zucker, Salz, Streichfett und Vanille mit der Küchenmaschine schaumig rühren. Beide Mehlsorten sieben und anschließend die Kleie wieder hinzufügen. Das gesiebte Mehl zu der schaumig gerührten Masse geben und kurz im Intervall-Modus unterrühren. Teig in die Form geben und mit einem Teigschaber glatt streichen. Etwa 18–22 Minuten backen, bis der Teig hellbraun wird. Abkühlen lassen.

Mandel-Creme: Mandelmus, Ahornsirup und Salz in einem Schälchen verrühren und auf dem Boden verteilen. Die Form etwa 15 Minuten in den Gefrierschrank stellen.

Karamell-Creme: Alle Zutaten in eine weite Pfanne mit schwerem Boden geben und erhitzen, dabei ständig umrühren bis der Zucker sich gelöst hat und die Masse Blasen schlägt. Etwa 3–5 Minuten bei gleichbleibender Temperatur weiter kochen, bis die Creme eine schöne Karamellfarbe annimmt. Etwas abkühlen lassen und auf die Mandel-Creme-Schicht gießen. Für weitere 15 Minuten in den Gefrierschrank stellen.

Schokolade und Streichfett oder Öl im Wasserbad schmelzen **(siehe S. 32)** und etwas abkühlen lassen. Die Schokolade über die Karamellschicht gießen und die Form etwas schwenken, um den Guss gleichmäßig zu verteilen. Im Kühlschrank mindestens eine Stunde fest werden lassen und in 12 quadratische Stücke aufteilen.

Für 12 Portionen

Teig
50 g Zucker
1 Prise Salz
100 g milchfreies Streichfett
¼ Teelöffel Vanilleextrakt
70 g Vollkornmehl
80 g Mehl

Mandel-Creme
140 g Mandelmus
60 ml Ahornsirup
¼ Teelöffel Salz

Karamell-Creme
150 g Zucker
150 g milchfreies Streichfett
125 ml flüssige Sojasahne (S.187)
2 Esslöffel heller Sirup
¼ Teelöffel Salz

Schokoladenkuvertüre
1½ Tafeln (150 g) Schokolade
1 Esslöffel milchfreies Streichfett oder mildes Öl, z. B. Sonnenblumenöl

{ E-Herd 180°C
Gasherd Stufe 4 }

Chocolate-Chip-Cookies

WF ZR

Die Zutatenliste umfasst eine ganze Reihe interessanter Zutaten, unter anderem natürlich Schokoladensplitter, aber wenig Fett und Zucker und keinen Weizen, sondern andere Vollkornmehle. Ofenwarm schmecken die Kekse am besten, halten sich aber zwei oder drei Tage. Auch sehr lecker als Doppeldecker mit Eiscreme-Füllung.

Ein großes Backblech einfetten.

Die drei verschiedenen Mehlsorten mit dem Natron, dem Backpulver, Zimt und Salz in eine große Schüssel sieben. Haferflocken, Kokosraspeln, Nüsse, Sultaninen und Schokoladensplitter hinzufügen. Öl, Vanille, Reissirup, Zucker und Dattelpüree in einem Krug oder einer kleinen Schale mit dem Schneebesen verschlagen. Die flüssige Mischung zu der Mehlmischung geben und alles zu einem festen Teig verrühren.

Mit einem großen Esslöffel Teigkugeln auf das Backblech setzen. Verwenden Sie ein großes Glas oder einen Becher (in einer Schale mit Wasser anfeuchten), um die Kekse flach zu drücken. Etwa 15–18 Minuten backen, bis sie goldbraun sind. Das Blech aus dem Ofen nehmen und die warmen Kekse mit einem Pfannenwender vom Blech lösen und auf einem Gitter auskühlen lassen.

Ergibt 12–14 Stück

140 g Gerstenmehl
120 g Hafermehl
35 g braunes Reismehl
1 Teelöffel Natron
¼ Teelöffel Backpulver
½ Teelöffel Zimt
½ Teelöffel Salz
50 g Haferflocken
50 g Kokosraspeln
75 g Paranüsse oder andere Nüsse, grob gehackt
75 g Sultaninen oder Rosinen
100 g Schokoladensplitter
125 ml mild schmeckendes Öl, z. B. Sonnenblumenöl
1 Teelöffel Vanilleextrakt
60 ml Reissirup
50 g brauner Zucker
60 g Dattelpüree **(S. 49)**

{ E-Herd 180°C
Gasherd Stufe 4 }

Energiebündel-Riegel

Dieses Rezept kann auch einfach mit einem Becher abgemessen werden und ist dann sehr leicht im Kopf zu behalten, denn man nimmt von den Hauptzutaten jeweils einen halben Becher. Das Ergebnis ist eine nahrhafte, sättigende, süße Leckerei. Packen Sie sich ein paar davon ein – für den Notfall.

Haferflocken, Nüsse und Samen in der Küchenmaschine grob zerkleinern. Restliche Zutaten hinzufügen und einrühren, bis die Masse sich zu einem Kloß formt.

Den Teig auf einem stabilen Dörrgerät-Einschub zu einem ungefähr 1 cm dicken Rechteck formen. Etwa 6 Stunden trocknen*, wenden und weitere 4–6 Stunden trocknen, bis der Teig fest und trocken ist. In Riegel zerschneiden.

*Falls Sie kein Dörrgerät besitzen, können Sie die Riegel auch in einer gefetteten und mit Backpapier ausgelegten Rechteckform (23 cm) backen. Temperatur: E-Herd 150°C, Gasherd Stufe 2. Backzeit 20–25 Minuten. Der Nährwert bleibt erhalten, aber die Rohkost-Qualität ist natürlich nicht mehr gegeben.

Für 12–16 Riegel

- ½ Becher (50 g) Haferflocken
- ½ Becher (75 g) Walnüsse, Mandeln oder Paranüsse
- ½ Becher (75 g) Sonnenblumenkerne
- ½ Becher (75 g) Sesam
- ½ Becher (75 g) klein geschnittene getrocknete Aprikosen
- ½ Becher (100 g) klein geschnittene Medjool-Datteln
- ½ Becher (75 g) Sultaninen
- ½ Becher (50 g) geraspelter Apfel (1 kleiner Apfel)
- 1 Teelöffel Zimt
- 1 Teelöffel Gewürzmischung
- 1 Teelöffel Vanilleextrakt
- 1 Teelöffel Zitronenschale, Prise Salz
- ¼ Becher (60 ml) kaltgepresstes Mandel-, Oliven- oder Kokosöl

Hochzeitskuchen

NF

Ich hatte diesen Kuchen immer einfach »Dattelschnitte« genannt. Aber im kanadischen Originalrezept aus den 1930er Jahren wird er als »Hochzeitskuchen« bezeichnet – ein Name, der mir viel besser gefällt. Es gibt verschiedene Erklärungen für diese Bezeichnung. Eine davon ist, dass der Kontrast zwischen der rauhen und der feinen Konsistenz des Kuchens die Höhen und Tiefen des Ehelebens wiederspiegelt; eine andere Erklärung ist, dass hier zwei offensichtlich sehr unterschiedliche Arten von Zutaten perfekt miteinander harmonieren. Jedenfalls kommt der Hochzeitskuchen in den USA und Kanada oft bei Hochzeiten und Junggesellinnen-Abschieden auf den Tisch.

Den Boden einer Rechteckform (23 cm) einfetten und mit Backpapier auslegen.

Die klein geschnittenen Datteln in einem Topf mit Orangensaft übergießen, sodass sie gerade eben mit Saft bedeckt sind. Zum Kochen bringen und sanft köcheln lassen, bis die Datteln weich sind und den Saft aufgenommen haben. Abkühlen lassen.

Mehl, Natron, Kardamom und Salz in eine Schüssel sieben. Haferflocken und Zucker hinzufügen. Das Streichfett einarbeiten, sodass ein krümeliger Teig entsteht. Die Hälfte des Teigs fest in die Form drücken und die Dattelmasse darauf verteilen. Den Rest des Teigs als Streusel darüber geben und leicht andrücken.

Etwa 1 bis 1¼ Stunden backen, bis die Streusel leicht gebräunt sind. In der Form auskühlen lassen und anschließend in 9 quadratische Stücke schneiden.

Für 9 Stücke

240 g entsteinte, klein geschnittene Datteln
Orangensaft
280 g Vollkornmehl
½ Teelöffel Natron
½ Teelöffel gemahlener Kardamom, 1 Prise Salz
200 g Haferflocken
150 g Zucker
225 g milchfreies Streichfett

{ E-Herd 180°C
Gasherd Stufe 4 }

Kapitel drei
Pies & Torten mit Mürbeteig

Ich kenne eine Menge Leute, die gut kochen können, aber von sich sagen, an Mürbeteiggebäcke würden sie sich nicht herantrauen. Meiner Ansicht nach ist es nur ein Gerücht, dass das Backen mit Mürbeteig schwierig sei. In diesem Kapitel finden Sie verschiedene Mürbeteigrezepte und nachdem Sie einige davon ausprobiert haben, meinen Sie sicher auch, dass es ein reines Kinderspiel ist, Kuchen mit Mürbeteig zu backen. Die Rezepte sind von den Zutaten und der Zubereitung her ganz unterschiedlich, sodass sicher auch eines für Sie dabei ist.

Das Blindbacken

In vielen Rezepten steht, dass der Teig »blind« gebacken werden soll. Das heißt, eine Backform wird mit Teig ausgekleidet und ohne eine Füllung oder einen Belag gebacken. Wenn diese Teigform anschließend mit der Füllung erneut gebacken werden soll, wird sie nur vorgebacken, d. h. nur bis der Teig die Farbe verändert und nicht mehr feucht aussieht. Falls die Füllung bzw. der Belag anschließend nicht mehr gebacken werden soll, muss der Teigboden ganz durchgebacken werden. Das Vorgehen ist in beiden Fällen gleich:

- Die Backform wird mit Teig ausgekleidet, wobei am oberen Rand etwas mehr Teig vorgesehen wird, da der Teig beim Backen schrumpft;
- ein großes Stück Backpapier auf dem Teig festdrücken, sodass das Papier an den Seiten hochsteht;
- das Papier mit einer Handvoll getrockneter Bohnen oder Linsen beschweren;
- entsprechend der angegebenen Backzeit backen;
- Hülsenfrüchte und Papier entfernen und den Teig noch für einige Minuten in den Ofen schieben, um den Boden trocken zu backen;
- die Bohnen sollten in einem besonderen Behälter mit der Aufschrift »Backbohnen« für das nächste Mal aufbewahrt werden, damit sie nicht aus Versehen zum Kochen verwendet werden.

Mürbeteige – Übersicht

Holländische Apfeltorte De Bolhoed: reichhaltiger Teig aus Vollkornmehl, der mit Mandeln veredelt und mit Reissirup gesüßt wird. Leckerer, keksartiger, sättigender Teig, von dem bei der Apfeltorte ein Teil als Streuseldecke verwendet wird.

Siruptorte mit Walnüssen: einfacher Mürbeteig, zu gleichen Teilen aus Weizenmehl und Hafermehl. Nicht gesüßt, ergibt eine krümelige Konsistenz. Der Teig eignet sich gut als Boden, lässt sich aber nicht so gut ausrollen, um z. B. als Decke für eine Füllung verwendet zu werden.

Fruchtpasteten-Pies: traditionelles Rezept für Vollkorn-Mürbeteig, nicht gesüßt. Ergibt durch das Backpulver und zusätzliche Flüssigkeit einen relativ lockeren Teig. Für alle Arten von Kuchen, Tartes und Pies geeignet.

Ungarische Käsetorte: leichter Mürbeteig aus weißem Mehl, mit etwas Puderzucker gesüßt und mit Zitronenschale aromatisiert. Eignet sich gut für feine Füllungen aus Obst oder Vanillecreme, bei denen der Teig nicht zu dominant sein sollte.

Tarte Tatin: reichhaltiger Mürbeteig aus Vollkornmehl, mit Mandeln und Zucker, aber fettärmer als die meisten Mürbeteige. Kräftig im Geschmack, keksähnliche, aber stabile Konsistenz, erfordert als Ausgleich eine Füllung mit kräftigem Aroma.

Baklava: Dies ist der einzige Teig, bei dem ich vorschlage, ihn fertig zu kaufen. Ich habe mir angeschaut, wie Filoteig von Hand hergestellt wird und ich behaupte, Sie möchten es gar nicht erst ausprobieren. Fertiger Filoteig ist von guter Qualität, und ein Paket enthält gleich eine ganze Menge davon. Gut verpackt hält er sich im Kühlschrank mehrere Wochen.

Pfirsich-Törtchen: glutenfreier Teig für alle Zwecke, mit einer Mischung aus Tapioka, Kichererbsenmehl und Reis-, Quinoa- und Buchweizenmehl. Eignet sich auch für alle anderen Rezepte in diesem Kapitel. Glutenfreies Gebäck schmeckt am besten frisch, backen Sie also lieber kleine Mengen.

Eccles Blätterteiggebäck: Blitz-Blätterteig aus Weißmehl, besteht zu gleichen Teilen aus Fett und Mehl (doppelt so viel Fett wie in Mürbeteig). Nicht ganz so luftig wie klassischer Blätterteig, aber viel einfacher in der Zubereitung.

De Bolhoed
Amsterdam, Niederlande

Auf unserer dreiwöchigen Reise durch Frankreich und Italien hatten wir ständig große Mühe, veganes Essen aufzutreiben. Im Großen und Ganzen ernährten meine beiden Töchter und ich uns von knusprigem Brot und reifen, knubbligen Tomaten. In Frankreich und Italien gibt es zweifellos das beste Brot und die besten Tomaten der Welt, aber es war doch zu viel des Guten. Wir freuten uns nun auf Amsterdam und die unzähligen veganen Tafelfreuden, die dort auf uns warteten. Das De Bolhoed war unser Ziel für einen Brunch an unserem ersten Tag in Amsterdam.

De Bolhoed ist niederländisch für »Die Melone«. Im Gegensatz zu dem, was man im Internet hier und da lesen kann, wurde das Restaurant nicht in einem ehemaligen Hutmachergeschäft eingerichtet, sondern wurde vor ungefähr 25 Jahren als Naturkostladen gegründet und ist heute ein berühmtes vegetarisches Restaurant. Der Inhaber fand einfach, dass der Name gut klingt. Das De Bolhoed liegt an einer der größten und schönsten Grachten von Amsterdam, der Prinsengracht, rund fünf Minuten entfernt vom Anne-Frank-Haus. Man kann draußen am Kanal sitzen und die Fahrradfahrer vorbeiflitzen sehen oder im Restaurant Platz nehmen,

wo die Wände mit aufgemalten Kürbisranken und ausgewählten Kunstwerken dekoriert sind. Es waren viele Gäste da, als wir ankamen und alle Plätze im Außenbereich und an den Fenstern waren besetzt, sodass wir uns einen gemütlichen Tisch in der Ecke suchten, wo wir auf Bänken unter schön dekorierten Wandbrettern saßen. Wir wunderten uns, dass eine große rötlich-weiß gefleckte Katze uns so konsterniert ansah, aber als sie auf die Bank sprang und es sich dort am äußeren Ende gemütlich machte, sahen wir anhand der Delle im Kissen und der Katzenhaare, dass das ihr Platz war. Sie ließ sich dazu herab, die Bank an diesem Morgen mit uns zu teilen.

Das De Bolhoed bietet vegetarisches und großenteils auch veganes Essen aus biologischen Zutaten, die Portionen sind großzügig, und für das allgemein nicht preiswerte Amsterdam sind die Preise fair. Die Karte enthält einen Mix ganz unterschiedlicher Küchen. Mexikanische, asiatische, afrikanische und Gerichte der Mittelmeerküche sind dabei – dazu ein unglaubliches Aufgebot an täglich frisch zubereiteten Salaten. Auch wird täglich wechselnd eine gemischte vegane Platte aus sieben oder acht verschiedenen kalten und warmen Speisen angeboten.

Und zu unserer allergrößten Freude nach der dreiwöchigen Süßspeisen-Abstinenz stand da eine hohe Kühltheke voller Tartes, Käsekuchen und Torten, viele davon vegan.

Wir aßen ein köstliches Mahl, und obwohl wir uns die anderen Restaurants ansahen, die auf meiner Liste standen, besuchten wir das De Bolhoed während unseres Aufenthalts in Amsterdam jeden Tag.

De Bolhoed
Prinsengracht 60–62
Amsterdam
Niederlande
Tel: +31 (0) 20 626 1803

Holländische Apfeltorte »De Boelhoed« GF* ZR

Die Riesenportionen Apfeltorte mit Sojasahne waren im De Bolhoed unser Favorit.

Den Boden einer Springform mit 23 cm Durchmesser und 7 cm Randhöhe einfetten und mit Backpapier auslegen.

Füllung: Äpfel, Rosinen, Zitronenschale, Likör und Zimt mit dem Wasser in einem weiten Topf zugedeckt bei mittlerer Flamme köcheln lassen und dabei ab und zu schwenken, bis die Äpfel weich, aber nicht zerfallen sind. Falls noch Flüssigkeit im Topf steht, Deckel abnehmen und die überschüssige Flüssigkeit bei größerer Hitze verdampfen lassen. Abkühlen lassen und die gehackten Mandeln unterheben.

Teig: Die Mandeln mit der Küchenmaschine fein mahlen. Mehl, Salz und Zitronenschale hinzufügen und alles vermengen. Vanille, Streichfett und Reissirup dazugeben und kneten, bis der Teig zusammenhält. Dann den Teig mit den Händen zu einer Kugel formen und in einem Behälter etwa 20–30 Minuten in den Kühlschrank stellen.

Drei Viertel des Teigs zu einer runden Platte mit einem Durchmesser von etwa 30 cm ausrollen. Die Teigplatte in die Form legen und rundum am Rand der Form hochstehen lassen. Wenn der Teig reißt, einfach wieder zusammendrücken und eventuelle Lücken mit Teigresten füllen. Zum Schluss die obere Kante mit der Hand schön gerade formen. Anschließend die Apfelmischung hineingeben und leicht festdrücken. Den restlichen Teig zu Streuseln zerkrümeln und auf die Füllung geben. Etwa 25 Minuten backen, bis die Streusel braun werden. Wenn der Teig zu schnell braun wird, während der restlichen Backzeit mit Alufolie abdecken. Aus dem Ofen nehmen und auf einem Gitter in der Form abkühlen lassen. Anschließend den Rand der Springform lösen und die Torte auf dem Boden der Form lassen. Mit Sojasahne **(S. 187)**, Cashewsahne **(S. 187)** oder Vanilleeis **(S. 160)** servieren.

Für 12 Stücke

Füllung

- 1,5 kg Äpfel (8–10 große Äpfel) schälen, vom Kerngehäuse befreien und in etwa 1 x 1 cm große Würfel schneiden
- 100 g Rosinen
- 1 Teelöffel Zitronenschale, 1 Spritzer Cointreau, Calvados oder Amaretto (fakultativ)
- 2 Teelöffel Zimt
- 150 ml Wasser
- 70 g Mandeln, blanchiert, geröstet und grob gehackt (siehe **S. 18**)

Teig

- 150 g Mandeln
- 300 g Vollkornmehl
- ¼ Teelöffel Salz
- 1 Teelöffel Zitronenschale
- 1 Teelöffel Vanilleextrakt
- 150 g milchfreies Streichfett
- 125 ml Reissirup

*oder glutenfreier Teig, Rezept auf **S. 98**

{ E-Herd 180°C
Gasherd Stufe 4 }

Siruptorte mit Walnüssen

Siruptorte wird meist mit einem süßen Mürbeteig aus Weißmehl, Weißbrot-Semmelbröseln und Unmengen an Sirup zubereitet. Diese Version hier ist gesünder und auch viel leckerer.

Für diese Torte wird eine Tarteform mit losem Boden, Durchmesser 23 cm, benötigt.

Teig: Die beiden Mehlsorten und das Salz sieben. Das Streichfett in das Mehl einarbeiten, am besten nur leicht mit den Fingerspitzen, bis eine krümelige Masse entsteht. Zwei Esslöffel Wasser darüber verteilen und den Teig mit einem breiten Messer zusammenbringen, bis er anfängt, zusammenzuhalten. Falls er zu trocken ist, nach und nach etwas mehr Wasser darüber sprenkeln, bis der Teig einen Kloß bildet und sich nicht mehr trocken anfühlt. Dann mit den Händen vorsichtig zu einer Kugel formen.

Zugedeckt im Kühlschrank mindestens 30 Minuten kühlen. Dieser Mürbeteig ist eher krümelig, d. h. er kann nicht wie die meisten Mürbeteige ausgerollt werden. Um die Tarteform damit auszukleiden, werden dünne Scheiben vom Teig abgeschnitten und die Form möglichst dicht damit ausgelegt. Dann werden die Teigscheiben mit den Fingern oder der Rückseite eines Löffels zusammengedrückt, bis die Form einschließlich des Rands damit ausgekleidet ist. Überschüssige Stücke werden abgeschnitten und die Lücken damit gefüllt. Über den Rand liegender Teig wird abgeknipst, sodass der Teigrand sauber mit dem Rand der Form abschließt. Etwa 10–15 Minuten backen, bis der Teig nicht mehr roh aussieht, aber noch blass ist. Wenn er zu lange bäckt, verbrennen die Ränder, wenn er anschließend mit dem Belag erneut in den Ofen kommt.

Belag: Streichfett, Melasse und die Sirupe schmelzen, die anderen Zutaten hinzufügen und gut verrühren. Die Masse auf den vorgebackenen Boden geben und 20–25 Minuten backen. Falls der Rand zu braun zu werden scheint, decken Sie ihn mit Alufolienstreifen ab. Warm mit Vanilleeis (**S. 160**) oder Sojasahne (**S. 187**) servieren.

Für 12 Stücke

Teig
120 g Hafermehl
140 g Vollkorn-Weizenmehl,
   1 Prise Salz
130 g milchfreies Streichfett
2–4 Esslöffel kaltes Wasser
*oder glutenfreier Teig,
   Rezept auf **S. 98**

Belag
50 g milchfreies Streichfett
1 Esslöffel Melasse
125 ml Ahornsirup
125 ml heller Sirup
60 ml Reissirup,
abgeriebene Schale von 1
   Zitrone und 1 Orange
1 Teelöffel frischer, geriebener
   Ingwer
100 g Walnüsse, grob gehackt
1 ungeschälter,
   geriebener Apfel
150 g Vollkorn-Paniermehl
   (Semmelbrösel) bzw.
   glutenfreies Paniermehl

{ E-Herd 180°C
Gasherd Stufe 4 }

Fruchtpasteten-Pies

GF* ZR

Diese Fruchtpasteten-Pies schmecken besonders gut zur Weihnachtszeit. Der Teig lässt sich prima im Voraus zubereiten, und die in diesem Rezept für mehrere Ladungen ausgelegte vorbereitete Masse lässt sich gut im Kühlschrank oder in sterilisierten Gläsern aufbewahren. Wie ich finde, passt der Vollkornteig perfekt zur Süße der Fruchtpastete. Da ich besonders gern die Füllung mag, lege ich nur einen Teig-Stern darauf, statt wie in den klassischen Rezepten die Törtchen mit einem ganzen Teigdeckel zu backen, aber natürlich ist die Deckel-Variante genauso gut möglich.

Ungefettetes Törtchenblech mit 12 Mulden.

Fruchtpastete: Alle Zutaten in einer großen Schüssel gründlich vermengen. Zugedeckt über Nacht stehen lassen.

Am folgenden Tag den Ofen auf 120°C / Gasherd Stufe ¼ (kleinste Stufe) einstellen. Die Fruchtmasse in eine ofenfeste Form geben, mit Alufolie dicht verschließen und 2½ Stunden im Ofen dünsten. Abkühlen lassen.

Teig: Mehl, Backpulver und Salz sieben. Eventuell im Sieb bleibende Kleie zurück in das Mehl geben und unterrühren. Das Streichfett leicht mit den Fingerspitzen einarbeiten, bis eine krümelige Masse entsteht. Da die verschiedenen Vollkornmehle Wasser unterschiedlich aufnehmen, muss man bei der Zubereitung einschätzen, wie viel Wasser zugefügt werden muss. Verteilen Sie zunächst 4 Esslöffel Wasser über den Teig. Kneten Sie den Teig dann mit den Händen leicht zusammen. Wenn im Teig noch trockene Stellen sind, sprenkeln Sie etwas mehr Wasser darüber, bis sich ein zusammenhängender, feuchter, elastischer Teig ergibt. Bei der Zubereitung kann der Teig noch eher etwas zu klebrig als zu trocken sein, weil die Kleie noch Feuchtigkeit aufnimmt, wenn der Teig ruht. Abdecken und vor dem Backen noch etwa eine halbe Stunde kühl stellen.

Ofen auf 170°C vorheizen, Gasherd Stufe 3. Den Teig ausrollen und mit einer Ausstechform 12 kleine Böden mit 7 cm Durchmesser ausstechen und in die Vertiefungen des Törtchenblechs legen. Mit einer Sternform 12 kleine Sterne ausstechen. Die Mulden des Blechs mit den Teigplatten auskleiden, jeweils einen großen Löffel voll Fruchtpastete hineingeben und mit einem Stern dekorieren.

Etwa 10-12 Minuten backen, bis der Teig durchgebacken, aber nicht braun ist. Ofenwarm oder kalt servieren und Sojasahne **(S. 187)** oder Cashewsahne dazu reichen **(S. 187)**.

Für 12 Törtchen

Fruchtpastete
2 mittelgroße Äpfel (250 g) geschält, und ohne Kerngehäuse in kleine Würfel zerschnitten (½ cm)
80 ml mild schmeckendes Öl, z. B. Sonnenblumenöl
400 g Rosinen, Sultaninen und Korinthen (etwa zu gleichen Teilen)
100 g getrocknete Aprikosen, klein geschnitten
150 g brauner Zucker
Schale und Saft von 1 Orange und 1 großen Zitrone
50 g Mandeln, blanchiert, geröstet und grob gehackt **(siehe S. 18)**
1 Teelöffel gemahlener Zimt
½ Teelöffel Muskat
½ Teelöffel gemahlener Kardamom
1 Teelöffel Gewürzmischung (z. B. Lebkuchengewürz)

Teig
200 g Vollkornmehl
2 Teelöffel Backpulver,
1 Prise Salz
100 g milchfreies Streichfett
4–5 Esslöffel kaltes Wasser
*oder glutenfreier Teig, Rezept auf **S. 98**

{ E-Herd 170°C
Gasherd Stufe 3 }

Ungarische Käsetorte

GF* NF

Ich bin Halb-Ungarin, spreche aber beschämenderweise nur sechs Wörter ungarisch (ja, nein, klein, groß, gute Besserung, Entschuldigung). Ungarn hat eine feine traditionelle Küche, die aber sehr auf Fleisch und Milch ausgerichtet ist. Ich wuchs mit Rindergulasch, Boeuf Stroganoff, Paprikahuhn und Quark-Knödeln auf. Immer noch mag ich den typischen Geschmack ungarischer Suppen und Eintöpfe, und glücklicherweise ist es recht einfach, diese mit Bohnen, Gemüse, Tofu und Tempeh neu zu kreieren. Aber bis vor Kurzem habe ich nie den Versuch unternommen, meinen Lieblingskuchen aus der Kindheit vegan nachzubacken: eine Käsetorte mit Baiserhaube, die traditionell mit Turo gebacken wird, einer Art Quark, der mit Zucker, Eiern und saurer Sahne verrührt wird. Andere Rezepte lassen sich einfacher veganisieren – aber nach einigem Experimentieren kann ich hier nun mit einer milchfreien Version aufwarten. Sajnálom!

Als Backform wird eine Tarteform mit 23 cm Durchmesser benötigt.

Teig: Mehl und Salz sieben und das Streichfett nur mit den Fingerspitzen leicht einarbeiten, bis die Masse Streusel bildet. Zucker und Zitronenschale zufügen und auch nur mit den Fingerspitzen vermengen. Der Sinn dabei ist, den Teig so wenig wie möglich zu bearbeiten, um ihn möglichst locker werden zu lassen. Drei Esslöffel Wasser über die Streusel verteilen und mit einem breiten Messer vorsichtig alles vermengen, bis die Streusel zusammenbacken. Eventuell 1 oder 2 Esslöffel mehr Wasser darüber geben. Dann den Teig mit den Händen vorsichtig zu einer Kugel formen. Er sollte recht feucht und weich sein. Für mindestens 30 Minuten in den Kühlschrank stellen.

Den Teig ausrollen und in die Tarteform legen, sodass er etwa 1 cm über den Rand der Form hängt. Den überhängenden Teig umschlagen und mit dem Daumen oder einem Kochlöffelstiel ungefähr im Abstand von 1 cm den Rand rundum eindellen, um eine Wellenform herzustellen. Den Teigboden etwa 7–8 Minuten blindbacken **(siehe S. 78),** das Backpapier entfernen und noch einige Minuten backen, damit der Boden ausreichend vorgebacken wird. Achten Sie darauf, dass der Rand nicht braun wird, sonst verbrennt er, wenn der Kuchen anschließend mit der Füllung erneut in den Ofen kommt. Die Teigform aus dem Ofen holen und abkühlen lassen.

Füllung: Die Sojamilch mit dem Zitronensaft mischen und einige Minuten zum Andicken stehen lassen. Tofu, Frischkäse, Puderzucker, Zitronenschale, Maisstärke und Vanilleextrakt in der Küchenmaschine verrühren; die Sojamilch hinzufügen, nochmals rühren. Die Füllung in die abgekühlte Teigform geben und 10–15 Minuten backen, bis die Frischkäsemischung gerade eben fest wird.

Für 8 Stücke

Teig
160 g weißes Mehl, 1 Prise Salz
75 g milchfreies Streichfett
35 g gesiebter Puderzucker
½ Teelöffel Zitronenschale
3–5 Esslöffel kaltes Wasser
*oder glutenfreier Teig, Rezept auf **S. 98**

Füllung
125 ml Sojamilch
2 Esslöffel Zitronensaft
230 g Seidentofu
230 g veganer Frischkäse
45 g Puderzucker
1 Teelöffel Zitronenschale
3 Esslöffel Maisstärke
1 Teelöffel Vanilleextrakt

Baiserhaube
3 Esslöffel Ei-Ersatz
6 Esslöffel Wasser
35 g gesiebter Puderzucker

{ E-Herd 180°C
Gasherd Stufe 4 }

Während der Kuchen im Ofen ist, wird der Ei-Ersatz mit einem Schneebesen in einer ausreichend großen Schüssel mit dem Wasser verschlagen. Hierfür wird ein richtiger Schneebesen benötigt – eine Gabel eignet sich nicht. Wenn die Mischung so luftig wie möglich ist, wird löffelweise der Puderzucker zugefügt und jeder Löffel Zucker einzeln untergeschlagen.

Nehmen Sie die Torte aus dem Ofen und verteilen Sie mit einem Löffel vorsichtig die Baisermasse bis an den Rand.

Stellen Sie die Torte für weitere 10 Minuten in den Ofen, bis die Baiserhaube gerade eben fest wird. (Das Baiser sieht dann noch feucht aus, sodass Sie vorsichtig mit dem Finger prüfen müssen, ob es trocken ist). Damit das Baiser die charakteristische hellbraune Farbe bekommt, mit etwas mildschmeckendem Öl oder geschmolzenem Streichfett bestreichen und ein oder zwei Minuten bei eingeschaltetem Grill bräunen.

Ofenwarm oder kalt servieren. *Egészégedre*!

Tushita Teehaus
München, Deutschland

Draußen regnet es, der Wind fegt kalt durch die Gassen des Münchner Glockenbachviertels. Drinnen, im Tushita herrscht mollige Wärme. Rund um die Teetheke sitzen die Gäste, nippen an feinem Porzellan. Es riecht nach Tee, irgendwo brodelt Wasser. Die Atmosphäre hat etwas Meditatives.

Man sagt, in einer einzigen Teetasse steckt ein ganzes Universum. ›Das ist wahr!‹, bestätigt Sandeh von Tucher. Die Inhaberin des Tushita hat schon längst aufgehört ihre Tees zu zählen. Aufgereiht in Dosen schweben sie über oder stehen auf und unter der Theke, fast alle aus biologischem Anbau und fairem Handel. Neben Schwarztee-Klassikern aus Darjeeling, Assam oder Ceylon sowie diversen Grün- und Weißtees aus China, Oolongs aus Taiwan, Pu erh Tees aus dem Yunnan, ca. 60 japanischen Grüntees von Houjicha bis Gyokuro, gibt es Rooibos und Botanical Blends und auch eigene Kräutertee-Kreationen.

Die Teezeit wird traditionell zelebriert: Wassertemperatur, Aufguss, Ziehzeit, Kanne oder Schale – alles ist genau bedacht. Die Form sowie das Material einer Kanne, sogar die Tasse, nehmen Einfluss auf die Entfaltung des Tees, den Geschmack und seinen Duft. Etwas Geheimnisvolles liegt über all'dem und der ganzen Zeremonie.

Schon immer gibt es zum Teeangebot vegane Speisen und Snacks aus kontrolliert biologischem Anbau. Für die warmen Mahlzeiten, Chefkoch Toni Sahm empfiehlt Genmai-Reis mit Japangemüse, Shiitake-Walnuss-Goji Salat und glasierter Ingwer-Tofu, kommen die Münchner aus allen Himmelsrichtungen.

Eigentlich wissen die Gäste nie, was gerade heute auf der Karte steht. ›Denn‹, so erzählt Sandeh, ›jeden Morgen entscheiden unsere Köche spontan, je nach Wetter, Stimmung und Inhalt des Kühlschranks, was gekocht werden soll!‹ Tushita heißt: ›Ort, an dem die Götter sich ausruhen‹. Noch göttlicher schmeckt der Tee, wenn er mit süßen Backwaren, Leckereien aus der Konditorei und Kuchen zum Hochgenuss wird.

Tushita Teehaus
Klenzestr. 53
80469 München
Deutschland
Tel: +49 (0) 89 189 755 94
kontakt@tushita.eu

www.tushita.eu

Houjicha-Nougat-Torte GF ZR

Dieser leckere Kuchen ist eine Symbiose aus Tee und süßen Backzutaten. Die Torte ist nach dem Houjicha-Tee, einem grünen Tee aus Japan benannt. Durch das Rösten erhalten die Teeblätter die braune Farbe. Das feine Nussnougat krönt den Genuss.

Für eine runde Kuchenform:

Teig:
200 g Buchweizen
100 g Alsan (Margarine)
3 EL Agavendicksaft
1 Prise Salz

Für die Füllung:
500 g Yofu (Sojayogurt) natur
1 gehäuften EL Maisstärke
2 EL fein gemahlener Houjicha
Etwas Agavendicksaft

Für das Nougat Topping:
200 ml Cre Soy (Soja-Sahne)
200 g Nussnougat

{ E-Herd 150°C
Gasherd Stufe 2 }

Für den Teig alle Zutaten mit der Küchenmaschine zu einem Teig verkneten. Eine runde Kuchenform mit Alsan oder Margarine einfetten. Teigboden und Rand dünn mit Teig auslegen und kalt stellen.

Für die Füllung die Maisstärke mit dem Houjicha und Agavendicksaft zu einem Brei verrühren. Erst wenn sich die Stärke restlos aufgelöst hat, wird der Yofu dazugegeben und verrührt.

Die Füllung in die Form geben und bei 150 Grad im vorgeheizten Ofen für 25–30 Minuten backen.

Für das Topping die Sahne in einem Topf erhitzen, das Nougat dazugeben und schmelzen. Die geschmolzene Sahne-Nougat-Mischung auf den ausgekühlten Kuchen geben.

Tarte Tatin

GF*

Dieses Rezept habe ich durch Manu kennengelernt, einen liebenswerten französischen Koch der vegetarischen Küche, der im Bliss Organic Cafe in Adelaide für mich gearbeitet hat. Der Teig, den er hier verwendet, enthält nach makrobiotischem Grundsatz weniger Fett und mehr Ballaststoffe als der meistens für Tarte Tatin verwendete Blätterteig. Davon abgesehen, ist dies ein sehr beliebtes, klassisches französisches Dessert, das typischerweise durch und durch mit dem süßen Saft von Äpfeln durchtränkt ist. Seien Sie daher beim Wenden der Tarte vorsichtig, da die heiße Flüssigkeit leicht aus der Form laufen kann.

Im Idealfall verwenden Sie für die Tarte Tatin eine ofenfeste Bratpfanne oder einen flachen Topf mit einem Durchmesser von etwa 20 cm. Andernfalls eignet sich eine eingefettete Backform oder Keramikform derselben Größe.

Für den Teig zunächst die Mandeln mit der Küchenmaschine fein mahlen. Mehl, Puderzucker und Backpulver sieben und zu den Mandeln in die Schüssel geben. Alles gründlich vermischen. Apfelsaft zufügen und im Intervall-Modus einarbeiten, bis ein streuseliger Teig entsteht. Das geschmolzene Streichfett dazugeben und ebenfalls im Intervall-Modus einarbeiten. Drücken Sie den Teig mit den Fingern zusammen – wenn er gut zusammenhält, ist er fertig. Falls er noch zu krümelig ist, geben Sie noch einen Löffel Apfelsaft hinein und rühren kurz in Intervallen, bis die Masse einen feuchten zusammenhängenden Teig bildet. Formen Sie den Teig mit den Händen zu einer Kugel und stellen Sie ihn in einem Behälter für 20–30 Minuten in den Kühlschrank.

Die Äpfel schälen, in Viertel teilen und das Kerngehäuse herausschneiden. Den Teig zu einer runden Fläche ausrollen und etwa 2–3 cm größer zuschneiden als der Durchmesser der Backform ist. Nun zunächst die Karamellsauce zubereiten.

Zucker und Wasser in die Pfanne oder den Topf geben, in dem die Tarte gebacken werden soll oder in eine andere Pfanne mit schwerem Boden, falls zum Backen eine separate Backform oder Keramikform verwendet werden soll. Bei niedriger Flamme ohne Umrühren erhitzen, bis der Zucker sich löst, dann das Streichfett dazugeben und schmelzen lassen. Die Karamellflüssigkeit goldbraun werden lassen. Die Äpfel hineinlegen, und zwar so, dass die runde Seite unten ist – nach dem Wenden liegt diese Seite später oben. Die Äpfel etwa 10 Minuten kochen lassen, d. h., bis sie glasig und am Rand leicht braun werden.

Die Pfanne von der Kochstelle nehmen und auf einen Backofenrost stellen. Wenn Sie eine Backform oder Keramikform verwenden, die Äpfel mit der Karamellsauce hineingeben und die Form auf den Rost stellen. Die Teigplatte auf die Äpfel legen und mit einem Löffel vorsichtig am Rand über die Äpfel nach unten biegen. Den Rost mit der Pfanne in den Ofen schieben und etwa 25–30 Minuten backen, bis der Teig gebräunt ist. Aus dem Ofen nehmen und 10 Minuten ruhen lassen. Einen Kuchenteller über die Pfanne legen und alles rasch und behutsam wenden. Seien Sie dabei vorsichtig, da die Flüssigkeit sehr heiß ist – ziehen Sie zum Schutz der Hände am besten Topfhandschuhe an. Die Pfanne abnehmen, und die Tarte Tatin ist fertig. Ofenwarm oder kalt mit Sojasahne **(S. 187)** oder Vanilleeis **(S. 160)** servieren.

Für 12 Stücke

Teig
50 g Mandeln
250 g Vollkornmehl
2 Esslöffel (25 g) Puderzucker
¾ Teelöffel Backpulver
60 ml Apfelsaft
65 g milchfreies Streichfett, geschmolzen
*oder glutenfreier Teig, Rezept auf **S. 98**

Karamellsauce
200 g Zucker
2 Esslöffel Wasser
50 g milchfreies Streichfett

4–5 Äpfel

{ E-Herd 170°C
Gasherd Stufe 3 }

Baklava

 GF*

Ja, Baklava besteht hauptsächlich aus Fett und Zucker! Und mehr Zucker und Sirup noch oben drauf! Aber es sind auch jede Menge Nüsse drin! Das ist doch immerhin gesünder als zum Beispiel ein Windbeutel mit Sahne. Ich habe die Zucker- und Fettanteile etwas reduziert. Aber fettreduzierter Filoteig tut's einfach nicht – er sieht aus und schmeckt wie Pappe. Also essen Sie von der Baklava einfach etwas weniger.

Als Backform wird eine Rechteckform (23 cm x 32 cm) benötigt, die etwa 5 cm tief sein sollte.

Sirup: Zucker, Wasser, Agavendicksaft bzw. Ahornsirup und Zimtstange in einer Pfanne mit schwerem Boden auf mittlerer Flamme erhitzen, bis der Zucker sich löst. Dann die Flamme größer stellen und die Mischung zum Kochen bringen. Hitze verringern und den Sirup 10 Minuten köcheln lassen. Zitronenschale und -saft hinzugeben und abkühlen lassen. Nach dem Abkühlen die Zimtstange entfernen.

Füllung: Streichfett in einer kleinen Pfanne schmelzen und warm halten, damit es flüssig bleibt.

Um die Nüsse zu mahlen, können Sie am einfachsten so vorgehen: Zuerst eine Portion Mandeln mit der Küchenmaschine fein mahlen und in die Backschüssel geben, anschließend die zweite Hälfte Mandeln zusammen mit den Walnüssen und Pistazien mit der Küchenmaschine zerkleinern (Intervall-Schaltung). Die Nüsse mit den gemahlenen Mandeln in der Backschüssel vermengen und den Zucker und die Gewürze dazugeben. Gründlich durchmischen.

Die benötigten Filoteigblätter abzählen und bis zu ihrer Verwendung in ein feuchtes Geschirrtuch wickeln, um zu verhindern, dass sie trocken und knusprig werden. Nun können Sie anfangen, die Baklava zu schichten. Mit der Schere 6 Filoblätter so zuschneiden, dass sie in die Backform passen. Die Form mit geschmolzenem Streichfett einpinseln und ein Filoblatt in die Form auf den Boden legen. Mit Streichfett bestreichen und das nächste Blatt darauflegen, alles wiederholen, bis die 6 Blätter sowie die abgeschnittenen Reste aufgebraucht sind. Etwa ein Drittel der Nussmischung gleichmäßig auf der Blätter-Schicht verteilen. Anschließend 3 weitere Filoblätter aus dem Geschirrtuch nehmen und wie beschrieben einstapeln und bestreichen. Darauf das zweite Drittel der Nussmischung verteilen, wieder 3 Filoblätter auflegen und den Rest Nussmischung darauf verteilen. Den Abschluss bilden die 6 restlichen Teigblätter zusammen mit den abgeschnittenen Resten. Das gesamte restliche Streichfett wird auf der oberen Lage verstrichen.

Für etwa 20 kleine Stücke

Sirup
200 g Zucker
180 ml Wasser
2 Esslöffel Agavendicksaft oder Ahornsirup
1 Zimtstange
1 Teelöffel Zitronenschale, Saft einer Zitrone

Füllung und Teig
150 g milchfreies Streichfett
140 g fein gemahlene Mandeln
140 g gehackte Mandeln
100 g gehackte Walnüsse
35 g gehackte Pistazien
100 g geschmacksintensiver brauner Zucker,
z. B. Rapadura, Sucanat oder Jaggery
(siehe S. 12)
2 Teelöffel Zimt
1 Teelöffel Gewürzmischung (z. B. Lebkuchengewürz)
1 Teelöffel Kardamom
18 Filoteigblätter
*oder glutenfreier Teig, Rezept auf **S. 98**

{ E-Herd 170°C
Gasherd Stufe 3 }

Wenn Sie eine glutenfreie Baklava-Version zubereiten wollen, legen Sie eine einzige Lage ausgrollten, glutenfreien Teig als untere Schicht in die Form, füllen die gesamte Nussmischung ein und decken diese mit einer weiteren Lage Teig ab. Der glutenfreie Teig braucht nicht mit Streichfett bestrichen zu werden, da er schon Fett enthält.

Schneiden Sie die oberen Schichten der Baklava mit einem scharfen Messer ein. So sieht es appetitlich aus und lässt sich nach dem Backen leichter servieren. Sie können Rechtecke oder durch diagonale Schnitte auch Rauten schneiden.

Bei 170°C bzw. auf Stufe 3 im Gasherd 15 Minuten backen und die Temperatur anschließend auf 120°C bzw. Stufe ¼ herunterregeln. Weitere 25–30 Minuten backen, bis die Baklava goldbraun ist. Aus dem Ofen nehmen und in der Form abkühlen lassen. Erst nach dem vollständigen Auskühlen mit Sirup übergießen. Über Nacht kühl stellen, damit der Sirup aufgesogen wird.

Glutenfreie Mehlmischung 2
(besonders für Mürbeteig geeignet)

100 g Tapiokastärke

50 g Kichererbsenmehl (Besan)

35 g braunes Reismehl

35 g Quinoamehl

2 Esslöffel (20 g) Buchweizenmehl

Die verschiedenen Mehlarten abmessen und in einer großen Schüssel gründlich vermischen.

Pfirsichtörtchen

GF ZR NF

*Diese niedlichen, glutenfreien Törtchen enthalten wenig Zucker.
Für die Füllung kann nach Belieben auch anderes Obst verwendet werden, ebenso
eignet sich der Teig auch für jedes andere Rezept in diesem Kapitel.*

Verwenden Sie eine 6er-Muffinform, die nicht eingefettet wird.

Teig: Mehl, Salz und ggf. den Puderzucker sieben. Das Fett in die Mischung einarbeiten, sodass ein krümeliger Teig entsteht. Das Wasser nach und nach hinzugeben und den Teig mit der Hand oder einem breiten Messer verkneten, bis eine gut formbare Konsistenz erreicht ist. Abdecken und etwa eine Stunde kühl stellen – den Teig nicht zu lange im Kühlschrank lassen, da er sonst spröde und krümelig werden kann.

Füllung: Die Pfirsiche mit 60 ml Wasser, dem Anisstern und dem Amaretto bzw. Mandelextrakt in eine Pfanne geben und einige Minuten köcheln lassen, bis die Pfirsiche weich sind – dabei nach Bedarf noch etwas Wasser zugeben. Das Pfeilwurzelmehl mit dem restlichen Wasser verrühren und zu den Pfirsichen geben. Weiter köcheln lassen, bis die Masse angedickt ist. Je nach Geschmack Agavensirup oder Stevia hinzufügen. Abkühlen lassen.

Den Teig ausrollen und zum Auskleiden der Muffinformen sechs große Kreise und für die Teigdeckel sechs mittelgroße Kreise ausstechen. Da dies ein glutenfreier Teig ist, macht es nichts aus, wenn der Teig zu sehr bearbeitet wird – Sie können den Teig also so oft ausrollen wie nötig, ohne befürchten zu müssen, dass der Teig fest wird und nicht mehr geformt werden kann.

Jede Vertiefung in der Form mit einer großen Teigscheibe auskleiden und mit Pfirsichmasse füllen. Jeweils mit einer kleinen Teigscheibe abdecken und die Ränder zusammendrücken. Mit einer Gabel Löcher in die Deckel stechen, damit der entstehende Dampf entweichen kann. Die Törtchen mit aus den Teigresten ausgestochenen Blättern dekorieren. Mit der Glasur bestreichen.

Etwa 15–20 Minuten backen, bis die Törtchen goldgelb sind. In der Form abkühlen lassen.

Für 6 Törtchen

Teig
1 Mischung 2 glutenfreies Mehl (siehe Kasten links)
1 Prise Salz
35 g Puderzucker (nach Belieben)
100 g milchfreies Streichfett
3 Esslöffel Wasser

Füllung
4 große Pfirsiche (ca. 500 g), gewürfelt (etwa 1 cm große Stücke)
125 ml Wasser
1 Anisstern
1 Spritzer Amaretto oder einige Tropfen Mandelextrakt (nach Belieben)3,
1 Teelöffel Pfeilwurzelmehl
1 Esslöffel Agavendicksaft oder einige Tropfen Stevia **(siehe S. 14)**

Glasur
1 Teelöffel Kichererbsenmehl (Besan) mit etwas Wasser verrührt

{ E-Herd 180°C
Gasherd Stufe 4 }

Eccles Blätterteiggebäck GF* ZR NF

Meine Tochter hat mir erklärt, dass nach dem Originalrezept hergestellter Blätterteig 10mal gefaltet wird und dass durch die Magie der Mathematik am Ende die unglaubliche Menge von 1024 Lagen in einer einzigen dünnen Teigplatte Blätterteig enthalten ist. Daher der Ausdruck mille-feuille im Französischen und mille foglie im Italienischen, was beides ›tausend Blätter‹ heißt und meist ein mit Sahnecreme gefülltes Blätterteiggebäck bezeichnet. Das Rezept für diese kleinen Kuchen hier ist längst nicht so pompös. Es stammt aus Eccles, einer Stadt in Lancashire in England und basiert auf einer einfacheren Version von Blätterteig, dem ›Blitz-Blätterteig‹, der nach meiner Rechnung mit 243 Lagen daherkommt, was mir vollkommen ausreicht.

Zum Backen wird ein eingefettetes Backblech benötigt.

Beim Blitz-Blätterteig wird gekühlte, feste Butter beim Ausrollen nach und nach in das Mehl eingearbeitet.

Allerdings sind die meisten pflanzlichen Streichfette weich und streichfähig. Um das Fett zu härten, messen Sie die richtige Menge ab und stellen Sie sie über Nacht in den Gefrierschrank.

Am folgenden Tag das Mehl mit dem Salz sieben. Das gefrorene Fett in kleine Stückchen zerteilen und zu dem Mehl geben. Mischen Sie die Fettstückchen vorsichtig mit einem breiten Messer unter das Mehl, ohne dass sie zerfallen. Das Wasser hinzufügen und alles zu einem festen Teig vermengen. Dann den Teig mit den Händen zu einem Kloß formen, dabei möglichst wenig kneten. Die Arbeitsfläche großzügig mit Mehl bestäuben und den Teig zu einem Rechteck flach drücken. Den Teig mit einer reichlich bemehlten Teigrolle zu einem Streifen ausrollen, der dreimal so lang sein soll, wie er breit ist. Wenn die Fettklümpchen dabei durchkommen, macht das nichts – bestäuben Sie sie einfach mit Mehl und rollen Sie weiter aus. Dann die Enden des Streifen zur Mitte umschlagen, sodass ein Teigpaket aus drei Lagen entsteht. Drücken Sie die Schichten an den beiden Enden und in der Mitte mit der Teigrolle zusammen. Drehen Sie den Teig um 90° und wiederholen Sie den Vorgang: ausrollen, umschlagen und drehen. Insgesamt wird der Vorgang viermal durchgeführt. Zum Schluss sollte das Fett gut in das Mehl eingearbeitet sein und der Teig sich leicht und elastisch anfühlen. Packen Sie ihn in Pergamentpapier und lassen Sie ihn im Kühlschrank 20 Minuten ruhen.

Für die Füllung das Streichfett schmelzen und Korinthen, Zucker und den Schalenabrieb einrühren. Abkühlen lassen.

Den Teig dünn ausrollen und zwölf Scheiben von 10 cm Durchmesser ausstechen (verwenden Sie hierfür ein Schälchen, wenn Sie keine Ausstechform in der Größe haben).

Für 12 Stück

Blitz-Blätterteig
150 g weißes Mehl
1 Prise Salz
150 g milchfreies Streichfett (vorher über Nacht tiefkühlen)
100 ml kaltes Wasser mit einem Spritzer Zitronensaft
*oder glutenfreier Teig, Rezept auf **S. 98**

Füllung
2 Esslöffel (30 g) milchfreies Streichfett
80 g Korinthen
2 Esslöffel (30 g) Zucker
Abgeriebene Schale von 1 Zitrone und 1 Orange

Glasur
1 Teelöffel Kichererbsenmehl (Besan) oder Sojamehl, mit etwas Wasser verrührt
1 Esslöffel Zucker

{ E-Herd 220°C
Gasherd Stufe 7 }

Einen Löffel voll Korinthenmasse jeweils in die Mitte der Teigscheiben geben. Den Rand hochnehmen und zusammendrücken. Den Kuchen umdrehen und leicht flachdrücken. Die Kuchen auf das eingefettete Backblech legen und mit einem scharfen Messer in jeden Kuchen 3 Schlitze schneiden. Mit der Glasur bestreichen und mit Zucker bestreuen.

Bei 220°C bzw. im Gasherd bei Stufe 7 10 Minuten backen, dann auf 180°C/Gas Stufe 4 herunterregeln und weitere 5–10 Minuten backen, bis die Kuchen goldbraun sind. Warm mit Vanillecreme **(S. 188)** oder Sojasahne **(S. 187)** servieren. Aber kalt schmecken sie genauso gut.

Kapitel vier

Cremetörtchen, Tiramisus und Käsetorten

Dieses Kapitel enthält ein ziemliches Sammelsurium an Rezepten. Man könnte einwenden, dass ja nur ein richtiger Käsekuchen dabei ist, und selbst der enthält keinen Käse, da er ja vegan ist. Da muss ich demütig zustimmen. Auch könnte man einwenden, dass zwei der aufgeführten Rezepte mit Mürbeteig zubereitet werden und deshalb doch eigentlich in das Kapitel »Tartes und Torten mit Mürbeteig« gehören. Auch darauf wüsste ich keine zufriedenstellende Antwort.

Ich habe nur einfach das Gefühl, dass diese Auswahl an Desserts zusammengehört. Vielleicht, weil sie kalt serviert werden, vielleicht weil sie besonders cremig und gewissermaßen elegant sind. Oder vielleicht, weil man manchmal einfach nur seinem Gefühl folgen sollte.

Revel Café
Auckland, Neuseeland

Ich habe vom Revel Café zuerst durch einen tollen Blog erfahren, bei dem mir angesichts der prachtvollen Bilder von Revels veganen Cupcakes und anderen leckeren Dingen das Wasser im Mund zusammenlief (aucklandvegan.wordpress.com). Im Revel stehen auch fleischhaltige Gerichte auf der Speisekarte, aber für Veganer ist dort bestens gesorgt.

Eine neue Stadt erkunde ich gern, indem ich mit einem Brunch anfange. Dann bin ich für einen Tag Sightseeing gerüstet, und die Verbindung von zwei Mahlzeiten spart Geld. An unserem ersten Morgen in Auckland beschlossen meine Mädchen und ich, das Revel anzusteuern. Nachdem wir minutenlang den unaussprechlichen Straßennamen »Karangahape Road« (›K Road‹ für Insider) auf dem Stadtplan gesucht hatten, machten wir uns auf. Nach zwanzig Minuten zu Fuß bergauf fiel mein Blick auf ein farbenfrohes Schild im Stil eines Rock-Album-Covers – Revel, ein cooles Tohuwabohu im Retrostil, mit Nischen und Ecken, interessanten Stühlen zum Ausprobieren, Spielzeugen, Brettspielen und – jetzt kommt das Beste – einem alten Space-Invaders-Spielautomaten.

Unser Brunch »Vegan Reveller« bestand unter anderem aus hausgemachten Falafel-Bratlingen, Hummus, Pesto und würzigem englischem Relish – ein leckeres, wenn auch ungewöhnliches Frühstück. Wir nahmen zwei traumhafte Cupcakes für später mit, einmal Kürbis-Schoko und einmal Zitrone. Die Cupcake-Rezepte im Revel stammen aus *Vegan Cupcakes Take Over the World* **(siehe S. 45).** Deshalb sind sie also so lecker . . .

Ein anderer Besuch im Revel fing mit einer Enttäuschung an und fand ein freudiges Ende. Wir hoben uns den Besuch für den späten Nachmittag auf (um diesmal in Kuchen, Kuchen und noch mehr Kuchen zu schwelgen) und mussten feststellen, dass alle veganen Cupcakes bereits ausverkauft waren! Wir müssen so enttäuscht ausgesehen haben, dass die liebenswerten Leute dort uns rasch einen Kuchen anboten, der gerade eben aus dem Ofen gekommen war – den veganen Mitternachts-Schokokuchen. Er war fantastisch.

Das Revel wurde 2002 mit dem Konzept eröffnet, gutes, hochwertiges, gesundes Essen, guten Kaffee und freundlichen und aufmerksamen Service zu bieten und dabei eine nur minimale Umweltbelastung hinzubekommen. Der angebotene Fairtrade-Kaffee stammt aus Bio-Anbau, die Behälter für das außer Haus verkaufte Essen sind biologisch abbaubar, und der gesamte Küchenabfall wird recycelt.

Revel Café
146 Karangahape Rd
Auckland
Neuseeland
Tel: +64 (0) 9 309 2372

Mitternachts-Schokokuchen

Dieser Kuchen ist ein Verwandlungskünstler. Je nachdem, wie lange er gebacken wird, wandelt er sich vom Mousse zum Käsekuchen zum Topfkuchen. Man könnte nur die Füllung als herrliches Mousse essen. Mit einer kurzen Backzeit von 15–20 Minuten wird er gerade eben fest und entwickelt beim Abkühlen die Konsistenz eines cremigen Käsekuchens. Wenn er etwas länger bäckt, so wurde mir gesagt, wird er eher einem Topfkuchen ähnlich. Aber ich mag ihn ungefähr in der Mitte zwischen dem Mousse- und dem Käsekuchenstadium und habe das Weiterbacken bisher nicht ausprobiert.

Den Boden einer Springform (23 cm Durchmesser) einfetten und mit Backpapier auslegen.

Teig: Mandeln, Zucker, braunes Reismehl, Stärke und Salz in der Küchenmaschine mixen. Wenn die Mandeln fein zerkleinert sind, Vanilleextrakt und Öl dazugeben und im Intervallmodus unterrühren, bis die Masse streuselig wird. Den Teig in die gefettete Form drücken und 10 Minuten vorbacken.

Füllung: Die Schokolade im Wasserbad schmelzen **(siehe S. 32)**. Tofu, Zucker, Vanillextrakt und Salz in der Küchenmaschine schön glatt rühren. Die geschmolzene Schokolade dazugeben und unterrühren. Die Füllung auf den Teigboden geben und 15–20 Minuten backen, bis die Füllung fest wird, aber noch leicht wackelt wie Pudding. Länger im Ofen lassen, wenn Sie die Kuchen-Theorie ausprobieren wollen.

Auf einem Gitter abkühlen lassen. Nach dem Abkühlen mit einem Messer vom Rand lösen und den Rand der Springform abnehmen.

Für 8 Stücke

Boden
70 g Mandeln
2 Esslöffel (30 g) brauner Zucker
70 g braunes Reismehl
60 g Kartoffelstärke
¼ Teelöffel Salz
1 Teelöffel Vanilleextrakt
60 ml mildes Öl, z. B. Sonnenblumenöl

Füllung
2½ Tafeln (250 g) Schokolade
400 g Seidentofu
150 g brauner Zucker
1 Teelöffel Vanilleextrakt
¼ Teelöffel Salz

{ E-Herd 180°C
Gasherd Stufe 4 }

Käse-Zitronen-Torte New Yorker Art

Ich habe mit vielen Rezepten experimentiert, um Geschmack und Konsistenz des traditionellen New Yorker Käsekuchens zu erreichen. Ursprünglich ist das ein schlichter, unverfälschter Käsekuchen, der mit Frischkäse gebacken wird. Veganer Frischkäse ist fast überall leicht erhältlich, und wenn er zu gleichen Teilen mit Tofu vermischt wird, ist der Fettgehalt niedriger und der Nährwert höher. Es macht übrigens nichts, wenn der Käsekuchen an der Oberfäche einreißt – er sieht dann umso authentischer aus.

Eine Springform (Durchmesser 23 cm) einfetten.

Eine flache Schale mit Wasser auf den unteren Einschub im Ofen stellen. Dadurch wird die Luft im Ofen feucht und die Oberfläche des Kuchens trocknet nicht zu schnell aus.

Teigboden: Mehl, Backpulver und Salz sieben. Streichfett und Zucker in der Küchenmaschine gründlich verrühren. Mehlmischung dazugeben und im Intervall-Modus kurz unterrühren. In die Form geben, glatt streichen und 10–15 Minuten backen.

Käse-Zitronen-Creme: Frischkäse und Tofu in der Küchenmaschine glatt rühren. Zucker einrühren. Zitronensaft, Zitronenextrakt und Mehl unterrühren. Die Masse auf den Boden geben.

Etwa 50–60 Minuten backen, bis die Käsecreme fest ist, aber noch etwas wackelt, wenn man die Form ein wenig kippeln lässt. Ofen ausschalten, aber den Käsekuchen noch etwa eine halbe Stunde im Ofen lassen. Danach herausnehmen und vollständig auskühlen lassen. Mit dem Zitronensirup beträufeln, der Sirup kann dabei in eventuell entstandene Risse hineinlaufen. Den Kuchen mit einem Messer vom Rand lösen und die Springform öffnen.

Für 12 Stücke

Teigboden
55 g weißes Mehl
140 g Vollkornmehl
1 Teelöffel Backpulver
¼ Teelöffel Salz
100 g milchfreies Streichfett
75 g brauner Zucker

Käse-Zitronen-Creme
450 g veganer Frischkäse
600 g Seidentofu
130 g Zucker
125 ml Zitronensaft
½–1 Teelöffel natürlicher Zitronenextrakt (nach Belieben)
55 g weißes Mehl

Garnierung
Rezept Zitronensirup **(S. 114)**

{ E-Herd 180°C
Gasherd Stufe 4 }

Limettencreme-Törtchen

GF R ZR

Ein erfrischendes Dessert für den Sommer, das einfach zuzubereiten ist – man braucht nicht mal bei heißem Wetter den Backofen einzuschalten. Der Boden schmeckt wie bester Keksteig, man kommt nicht darauf, dass er nur aus Nüssen und ein paar Datteln besteht. Die Creme bekommt durch die Avocado ein leichtes Hellgrün, und der fruchtige Geschmack ist die reine Gaumenfreude. Als ich die Törtchen für Freunde von uns machte, die eigentlich keine Röhköstler, und auch nicht mal Veganer sind, wollten alle Nachschlag, einschließlich der Kinder.

Hierfür werden vier Törtchenformen benötigt, am besten die mit losem Boden – alternativ können Sie auch eine große Form mit 23 cm Durchmesser verwenden.

Um den Boden herzustellen, werden alle Zutaten in der Küchenmaschine zerkleinert bzw. vermengt, bis die Mischung zusammenbackt. Falls sie noch zu trocken ist, ein oder zwei Datteln zusätzlich hinzugeben. Die Masse fest als Boden in die Törtchenformen drücken und auch den Wellenrand damit auskleiden. Mindestens eine Stunde kalt stellen.

Für die Creme alle Zutaten außer dem Limettensaft und dem Kokosöl in der Küchenmaschine glatt rühren. Das Kokosöl in einem Glas oder einem Porzellangefäß über einer Schüssel mit heißem Wasser schmelzen lassen. Nach und nach den Limettensaft und anschließend das Kokosöl in die Rührschüssel laufen lassen, dabei weiterrühren. Die Creme in die vorbereiteten Formen geben und im Kühlschrank mindestens 3 Stunden erkalten lassen oder eine Stunde in den Gefrierschrank stellen.

Mit etwas Limettenschale dekorieren und mit Cashewsahne **(S. 187)** servieren.

Für 4 Portionen

Boden
140 g Paranüsse
50 g Kokosraspeln
70 g Medjool-Datteln, klein geschnitten

Creme
90 g Cashews, 1–2 Stunden eingeweicht
1 mittelgroße Avocado (etwa 120 g Fruchtfleisch)
1 Prise Salz
Mark aus 1 Vanilleschote
80 ml Agavendicksaft
1 Teelöffel abgeriebene Limettenschale, zusätzlich etwas Limettenschale zur Dekoration
160 ml Limettensaft oder Mischung aus Limetten- und Zitronensaft
80 ml Kokosöl

Schokoladentorte mit Beeren »Hello Daddy«

Meine Tochter wollte ihrem Vater mit einer Torte eine besondere Freude machen, als er von einer langen Reise zurückkam. Wir hatten kurze Zeit vorher den Film Jennas Kuchen – Für Liebe gibt es kein Rezept gesehen, in dem die Hauptperson fantasievolle Kuchen mit ausführlichen, interessanten Namen kreiert, die einen Bezug zu wichtigen Ereignissen in ihrem Leben haben. Durch die Kuchenkreationen in dem Film inspiriert, erfanden meine Tochter und ich diese Torte und tauften sie ›Hello-Daddy-Schokoladentorte mit Beeren‹. Dekorieren Sie Ihre Torte mit einem passenden Text.

Verwenden Sie eine Tarte- oder Quicheform aus Glas oder Keramik (Durchmesser 25 cm).

Teig: Mehl und Puderzucker in eine Schüssel sieben. Das Streichfett in das Mehl einarbeiten, am besten nur leicht mit den Fingerspitzen, bis eine krümelige Masse entsteht. Das Wasser darüber verteilen und den Teig mit einem breiten Messer zusammenbringen, bis er anfängt, zusammenzuhalten. Falls nötig, ein oder zwei Teelöffel Wasser zusätzlich darüber sprenkeln. Den Teig vorsichtig mit den Händen zu einem Kloß formen. Zugedeckt im Kühlschrank mindestens 30 Minuten ruhen lassen.

Den Teig zu einer Scheibe von etwa 30 cm Durchmesser ausrollen und die Tarteform damit auslegen.

Füllung: Die Beeren waschen, ggf. etwas klein schneiden und auf den Teigboden geben. Schokolade im Wasserbad schmelzen **(siehe S. 32)**. Mit dem Schneebesen den Ei-Ersatz zunächst mit 2 Esslöffeln Sojamilch schaumig schlagen, anschließend den Rest der Milch unterschlagen. Den Tofu mit Vanille und Agavendicksaft in der Küchenmaschine glatt rühren, dann den angerührten Ei-Ersatz und die geschmolzene Schokolade dazugeben und alles gut verrühren. Über die Beeren gießen und 20–25 Minuten backen, bis die Masse fest ist. Nach dem Abkühlen Sojasahne über die Torte geben und 30 Minuten im Gefrierschrank kühlen. Zum Schluss mit der Schokoladen-Ganache eine Botschaft auf die Torte schreiben.

Für 8–10 Stücke

Teig
200 g weißes Mehl
35 g gesiebter Puderzucker
100 g milchfreies Streichfett
2 Esslöffel (40 ml) Wasser

Füllung
250 g Beeren nach Wahl
150 g zerkleinerte Schokolade
1 Esslöffel Ei-Ersatz
180 ml Sojamilch
300 g Seidentofu
1 Teelöffel Vanilleextrakt
60 ml Agavendicksaft

Guss (nach Belieben)
125 ml dicke Sojasahne **(S. 187)**
1 Rezept Schokoladen-Ganache **(S. 189)**

{ E-Herd 180°C
Gasherd Stufe 4 }

Tiramisu

GF NF

Tiramisu bedeutet ›Richte mich auf‹. Genau das bewirkt diese Kombination aus Kaffee, Schokolade und Zucker. Ich verwende für das Tiramisu meist koffeinfreien Kaffee, damit meine Kinder nicht abheben.

Den Boden einer Rechteckform (30 cm x 20 cm) sowie ein großes, flaches Backblech für die Löffelbiskuits einfetten und mit Backpapier auslegen.

Für das Einschichten des Tiramisu eine große Glas- oder Porzellanform oder 8 einzelne Dessertgläser benutzen.

Den Vanillebiskuit in der Rechteckform ca. 20 Minuten backen, bis er aufgegangen und goldgelb ist. Auf ein Gitter stürzen und 5 bis 10 Minuten so weit abkühlen lassen, dass er in ungefähr 4 cm breite Streifen geschnitten werden kann. Die Streifen auf dem Backblech auf die Seite legen und noch einmal 15 Minuten backen, bis sie hellbraun und ein bisschen knusprig sind. Auf das Gitter legen und vollständig abkühlen lassen.

Sojasahne, Frischkäse und Puderzucker glatt rühren und vorerst kühl stellen. Den Kaffee kochen und den Zucker darin auflösen. Abkühlen lassen und dann gegebenenfalls den Likör hineingießen.

Den Boden der Tiramisu-Form bzw. der Dessertgläser mit den Löffelbiskuits auslegen und die Kaffeezubereitung darüber geben, sodass sie vollständig durchtränkt werden. Mit einem Löffel die Creme auf den Löffelbiskuits verteilen und zum Schluss die geriebene Schokolade auf die Oberfläche streuen. Kühl stellen.

Für 8 Portionen

- 1 Rezept Vanillebiskuit (Grundrezept mit Vanille, weizenfrei oder glutenfrei, S. 53–55)
- 2 Becher (d. h. doppeltes Rezept) dicke Sojasahne (S. 187)
- 220 g veganer Frischkäse
- 2 Esslöffel Puderzucker
- 1 Becher (250 ml) doppelt starken Kaffee
- 2 Esslöffel Zucker
- 60 ml Kaffeelikör (nach Belieben)
- 100 g fein geriebene Schokolade

{ E-Herd 180°C
Gasherd Stufe 4 }

Zitronen-Himbeer-Trifle   GF NF

Als Kind habe ich Trifle geliebt. Vielleicht kennen Sie dieses geschichtete Biskuitdessert ja. Es musste immer aus möglichst vielen Schichten bestehen: Eine Packung Löffelbiskuits, fertige Götterspeise, Obstsalat aus der Dose, eine Packung Vanillecreme, Sprühsahne und obendrauf Liebesperlen. Heute gefällt mir diese Version hier besser – eine etwas ernst zu nehmendere und viel gesündere Variante!

Trifle kommt in einer großen Glasschale am besten zur Geltung.

Um den Zitronensirup zuzubereiten, den Zucker im Zitronensaft in einem kleinen Topf auf kleiner Flamme auflösen. Von der Kochstelle nehmen und abkühlen lassen. Als Nächstes den Biskuitboden backen und die Vanillecreme herstellen und beides abkühlen lassen.

Den Biskuitboden in etwa 2 cm breite Streifen schneiden und diese in die Glasschale legen.

Den Sirup über den Biskuit gießen und warten, bis er sich ganz mit dem Sirup vollgesogen hat. Inzwischen die Sojasahne zubereiten.

Die Himbeeren auf dem Biskuit verteilen. Die Sojasahne und die abgekühlte Vanillecreme zusammenrühren und in die Schale geben.

Wer mag, streut noch geröstete Mandelblätter obendrauf.

Für 6–8 Portionen

Zitronensirup
125 ml Zitronensaft
200 g Puderzucker
1 Vanillebiskuitboden oder glutenfreier Biskuitboden in der Varation mit Zitronengeschmack, in einer quadratischen Form (23 cm) gebacken (S. 53 oder 55)
2 Packungen frische oder ca. 250 g tiefgekühlte Himbeeren
250 ml dicke Sojasahne (S. 187)
250 ml feste Vanillecreme (S. 188)

Bananen-Karamell-Törtchen »Banoffee« NF

Mein erster Job war eine Arbeit als Kellnerin in einem tollen Restaurant, das »The Vineyard« hieß. Das war noch bevor ich Veganerin oder sogar bevor ich Vegetarierin war – das Essen dort hat mir sehr gut geschmeckt, und ich durfte auch immer alles probieren. (Vielen Dank, Jim, dass du mich dazu inspiriert hast, eine Leidenschaft für gutes Essen und guten Wein zu entwickeln!). Die Banoffee-Törtchen gehörten zu meinen Lieblingsdesserts, und ich habe sie später ziemlich vermisst. Also habe ich beschlossen, für dieses Buch eine milchfreie Version zu kreieren, und es hat geklappt! Die Kombination aus Banane, Karamell und Kaffee ist sensationell. Am besten erst kurz vor dem Verzehr fertigstellen, also nach Möglichkeit die kleinen Portions-Törtchen im Voraus backen und bei Bedarf füllen – oder einfach in einer großen Form backen und alles auf einmal aufessen.

8 kleine Törtchenformen (12 cm) oder eine große Form (23 cm).

Teig: Mehl, Puderzucker und Salz sieben. Abgeriebene Zitronenschale und ggf. Vanillemark hinzugeben. Das Streichfett nur leicht mit den Fingerspitzen einarbeiten, bis der Teig Streusel bildet. Zwei Esslöffel Wasser über die Streusel verteilen und mit einem breiten Messer vorsichtig alles vermengen, bis die Streusel zusammenbacken. Eventuell einen Esslöffel mehr Wasser darüber geben. Dann den Teig mit den Händen vorsichtig zu einer Kugel formen. Abdecken und für etwa 1 Stunde in den Kühlschrank stellen.

Den Teig ausrollen und die Form bzw. die Förmchen einfetten. Den Boden mit einer Gabel mehrmals einstechen. Etwa 10 Minuten blindbacken **(S. 78)**, Bohnen und Papier entfernen und weitere 5 Minuten backen, bis der Teig am Rand Farbe annimmt und keine feuchten Stellen mehr zu erkennen sind. Aus dem Ofen nehmen und in der Form abkühlen lassen.

Karamell-Creme: Die Zutaten in einem weiten Topf vermischen. Erhitzen und dabei ständig umrühren, bis der Zucker gelöst ist und die Creme hell goldbraun wird. Von der Kochstelle nehmen und etwas abkühlen lassen. Die vorgebackenen Teigformen zur Hälfte damit füllen.

Kaffee-Creme: Ahornsirup, Vanille und Kaffee mit der Sojamilch in einem hohen, für den Stabmixer geeigneten Rührgefäß vermischen. Den Stabmixer bis unten in die Flüssigkeit eintauchen und einschalten. Den Mixer weiterlaufen lassen, dabei das Gefäß festhalten und langsam das Öl hineintropfen lassen, bis die Creme andickt. Kühl stellen.

Kurz vor dem Servieren die Bananen in Scheiben schneiden und auf der Karamell-Creme verteilen. Darauf die Kaffee-Creme geben.

Nach Belieben mit geriebener Schokolade dekorieren und mit Schokoladensauce servieren **(S. 190)**.

Für 8 Portionen

Teig
240 g weißes Mehl
50 g Puderzucker, 1 Prise Salz
½ Teelöffel abgeriebene Zitronenschale
Mark einer Vanilleschote (nach Belieben)
125 g milchfreies Streichfett
2–3 Esslöffel (40–60 ml) Wasser

Karamell-Creme
250 ml Sojamilch
130 g milchfreies Streichfett
350 g Zucker
175 g Sojamilchpulver
2 Teelöffel Vanilleextrakt
4–5 große Bananen

Kaffee-Creme
1 Esslöffel Ahornsirup
½ Teelöffel Vanilleextrakt
2 Esslöffel doppelt starken Kaffee
60 ml Sojamilch
160 ml mild schmeckendes Öl, z. B. Sonnenblumenöl

{ E-Herd 180°C
Gasherd Stufe 4 }

Kapitel fünf
Englische Puddings

Ich bin recht tolerant, wenn es um internationale Begrifflichkeiten geht. Als Ausländerin im fremden Land will und muss ich das. Beim Einkaufen nenne ich die Dinge bereitwillig bei den regional gebräuchlichen Namen und kann auf Reisen auch unter einer ungewohnten, landestypischen Art von Bettdecke gut schlafen. Ich habe mich sogar schon so weit angepasst, dass ich es geschafft habe, vor anderen Leuten über meinen String-Tanga zu sprechen!

Aber wenn es um englischen Pudding geht, bleibe ich beharrlich. Ein englischer Dessert-Pudding ist ein gebackener oder im Dampf gegarter Teig, der wie z. B. der Christmas-Pudding oder Sticky-Date-Pudding mit einer süßen Sauce serviert wird.

Alle Desserts in diesem Kapitel sind richtige englische Puddings. Sie schmecken am besten, wenn es draußen kalt ist, und es ist am schönsten, wenn eine große Runde mit am Tisch sitzt und man beim Hauptgericht wirklich noch Platz für den Pudding lassen muss. Auf jeden Fall macht das Essen von Pudding nicht nur satt, sondern vermittelt das Gefühl von Wärme und Geborgenheit.

Vegetarisches Landhotel Lancrigg

Für manch einen besteht der perfekte Urlaub darin, mit einem Roman in der einen und einem Longdrink in der anderen Hand am Pool zu liegen. Andere möchten lieber Städte besichtigen und Kultur genießen. Ich für meinen Teil stapfe gern mit einem guten Frühstück im Magen auf feuchten, felsigen Wegen nebelverhangene Berge in Cumbria hinauf und freue mich dabei schon auf ein wärmendes Kaminfeuer, ein heißes Bad und gutes Essen.

Der englische Lake District bietet eine atemberaubende Landschaft, aber das Wetter dort kann, vorsichtig ausgedrückt, unvorhersehbar sein. Es ist also sehr wesentlich, einen Ort zu haben, wohin man sich zurückziehen kann, wenn der Regen einfach nicht nachlassen will. So ein Ort ist das Lancrigg:

Flackernde Kaminfeuer, weiche Sofas, Himmelbetten und Badewannen mit Löwenfüßen. Es ist ein altes von Waldland umgebenes Landhaus, und der Dichter William Wordsworth und seine Schwester Dorothy waren bei den damaligen Besitzern des Hauses häufig zu Gast. Wahrscheinlich schrieb Will sein berühmtes Gedicht ›Daffodils‹ auf der Terrasse sitzend, nachdem er in den umliegenden Täler gewandert war.

Das Essen im Lancrigg stammt aus Bio-Anbau, ist vegetarisch und wird vollständig in der eigenen Küche zubereitet – vegane oder glutenfreie Ernährung stellen kein Problem dar. Das Frühstück ist gigantisch, genau die richtige Grundlage für einen Tagesmarsch oder auch für den Fall, dass Sie im Garten Gedichte schreiben wollen.

Ganz so, wie man es sich vorstellt, wird auf dem Rasen oder am Kamin englischer Nachmittagstee angeboten. Und die in dem eleganten, kerzenerleuchteten Speiseraum servierten köstlichen Abendmahlzeiten runden einen auf die Mahlzeiten ausgerichteten Tag perfekt ab.

Lancrigg
Grasmere
Cumbria
Großbritannien
Tel: +44 (0) 15394 35317

www.lancrigg.co.uk

Feigen-Mandel-Pudding nach Art des Hauses Lancrigg

GF ZR

Dies ist ein ungewöhnlich leichter, im Ofen gegarter Pudding, der aus einem glutenfreien Teig mit wenig Zucker besteht und mit einer leichten fruchtig-würzigen Sauce serviert wird statt mit Vanillecreme oder Sahne.

Für 4 Portionen

Topping
- 2 Esslöffel (30 g) milchfreies Streichfett
- 50 g fein gehackte Mandeln
- 100 g getrocknete Feigen, fein zerkleinert

Teig
- 75 g milchfreies Streichfett
- 60 ml Ahornsirup
- 50 g Sojamehl
- ½ Teelöffel Backpulver
- 75 g gemahlene Mandeln
- ½ Teelöffel Vanilleextrakt
- 2–3 Esslöffel Wasser

Würzige Orangensauce
- 60 ml Ahornsirup, abgeriebene Schale und Saft einer Orange
- ½ Zimtstange
- 3 zerdrückte Kardamomschoten

{ E-Herd 150°C
Gasherd Stufe 2 }

Den Boden von 4 Auflaufförmchen einfetten und mit Backpapier auslegen.

Topping: In einer kleinen Schale das Fett mit den Mandeln und den klein geschnittenen Feigen vermengen. Die Masse auf die Förmchen aufteilen und andrücken.

Teig: Streichfett und Ahornsirup entweder von Hand oder in der Küchenmaschine cremig rühren. Sojamehl mit Backpulver sieben und zur Fett-Sirup-Masse geben.

Gemahlene Mandeln und Vanille einrühren. Um den Teig glatt zu rühren, 2 Esslöffel Wasser oder etwas mehr hinzufügen. Teig gleichmäßig auf die Formen aufteilen und auf die Feigen-Mandel-Masse geben. Etwa 40–45 Minuten backen, bis der Teig aufgegangen ist und eine goldbraune Farbe angenommen hat.

Aus dem Ofen nehmen und mit einem Messer vom Rand lösen. Auf einen Teller stürzen.

Sauce: Ahornsirup, Orangenschale und -saft sowie die Gewürze in einem Kochtopf erhitzen und einige Minuten köcheln lassen. Die Gewürze entfernen und die Sauce neben die Puddings auf den Teller geben.

Sticky-Date-Pudding mit Karamellsauce

Sticky-Date-Pudding – ein feuchter und klebriger Dattelkuchen – ist eine beliebte Süßspeise in Australien. Der Teig ist bei dieser veganen Version etwas weniger süß als bei den meisten Rezepten, aber die Sauce ist der Knaller!

6-8 spezielle Puddingformen oder große Muffinformen einfetten. Da der Puddingteig klebrig ist, sollten die Formböden lieber mit kleinen Kreisen aus Backpapier ausgelegt werden.

Zunächst werden die Datteln mit dem Kaffee und dem kochenden Wasser übergossen und zum Einweichen etwas stehen gelassen.

Inzwischen Mehl, Backpulver, Natron und die Gewürze in eine mittelgroße Schüssel sieben und in einer kleineren Schale die Sojamilch mit dem Essig anrühren und einige Minuten zum Andicken stehen lassen. Anschließend Vanilleextrakt, Öl und Zucker zufügen.

Dann die Sojamilch und die eingeweichten Datteln in das Mehl geben und alles gut verrühren.

Die eingefetteten Formen zu drei Vierteln mit dem Teig füllen. Etwa 20–25 Minuten backen, bis der Teig aufgegangen ist und auf leichten Druck elastisch reagiert. Aus dem Ofen nehmen, ungefähr 5 Minuten abkühlen lassen und mit einem Messer vom Rand der Formen lösen. Vorsichtig stürzen.

Für die Zubereitung der Karamellsauce alle Zutaten in einen Kochtopf geben und bei kleiner Flamme ohne Umrühren erhitzen, bis der Zucker geschmolzen ist. Erst dann mit einem Holzlöffel umrühren und ca. 5 Minuten köcheln lassen.

Die Puddings warm mit reichlich Karamellsauce und Vanilleeis **(S. 160)** servieren.

Für 6-8 Puddings

Teig
- 160 g Datteln, entsteint und klein geschnitten
- 2 Esslöffel doppelt starken Kaffee
- 125 ml kochendes Wasser
- 200 g Mehl
- 1 Teelöffel Backpulver
- ¾ Teelöffel Natron
- ¼ Teelöffel Zimt
- ¼ Teelöffel gemahlener Ingwer
- 125 ml Sojamilch
- 1 Teelöffel Apfelessig
- 1 Teelöffel Vanilleextrakt
- 80 ml mildes Öl, z. B. Sonnenblumenöl
- 150 g Zucker

Karamellsauce
- 125 ml dünnflüssige Sojasahne (S. 187)
- 200 g brauner Zucker
- 100 g milchfreies Streichfett
- ½ Teelöffel Vanilleextrakt, Prise Salz

{ E-Herd 180°C
Gasherd Stufe 4 }

Englischer Brotpudding

NF

Ich bin mit dieser traditionellen englischen Lieblingsspeise aufgewachsen. Ebenso wie der Brotpudding mit Butter (S. 133) wurde das Rezept ursprünglich als preiswerte Resteverwertung von altbackenem Brot erfunden. Leider wird das Brot heutzutage teilweise mit Frischhaltemitteln gebacken, sodass es eher schimmelt als auszutrocknen, und wenn man es selber ohne Zusatzstoffe bäckt, wird es meist so gern gegessen, dass es aufgebraucht wird, bevor es altbacken werden kann. Es lohnt sich, handwerklich gebackenes Brot bei einem guten Bäcker oder im Naturkostladen zu kaufen – versuchen Sie, ein Feierabend-Angebot zu nutzen. Oder backen Sie selbst Brot und verstecken es für ein paar Tage!

Eine quadratische Form (23 cm) einfetten und mit Backpapier auslegen.

Das Brot in kleine Stücke schneiden oder reißen und zusammen mit den Sultaninen, Pflaumen und Aprikosen in eine große Schüssel geben. Die Sojamilch darüber geben und 20 Minuten einweichen lassen.

Die restlichen Zutaten zufügen und alles kräftig verrühren, sodass sich das Brot etwas auflöst und die Zutaten sich gut verbinden.

Die Masse in die Form drücken und ungefähr eine Stunde backen, bis der Teig fest und schön gebräunt ist. Schmeckt ofenwarm, aber noch besser am nächsten Tag. Brotpudding kann pur oder mit Sojasahne **(S. 187),** Vanillecreme **(S. 188)** oder Vanilleeis **(S. 160)** serviert werden.

Für 8 Portionen

- 450 g altbackenes Vollkornbrot ohne Rinde
- 160 g Sultaninen
- 75 g essfertige Backpflaumen, klein geschnitten
- 75 g essfertige getrocknete Aprikosen, klein geschnitten
- 625 ml Sojamilch
- 100 g milchfreies Streichfett, geschmolzen
- 150 g dunkler brauner Zucker
- 450 g Äpfel, ohne Kerngehäuse, geschält und klein geschnitten
- Ei-Ersatz-Pulver (2 Eiern entsprechende Menge)
- Abgeriebene Schale und Saft von 1 Orange
- 2 Teelöffel Zimt
- 2 Teelöffel Gewürzmischung, z. B. Lebkuchengewürz
- ¼ Teelöffel Muskat

{ E-Herd 180°C
Gasherd Stufe 4 }

Kokos-Reis-Pudding

GF ZR

Diese nahrhafte »Neufassung« einer typischen Lieblingsspeise von Kindern schmeckt auch allen Erwachsenen, die gerne noch mal Kind sind.

Eine mittelgroße Backform aus Glas oder Keramik einfetten.

Alle Zutaten außer den Pistazien abmessen und in einer großen Schüssel verrühren. Die Masse in die Form geben und einen Deckel daraufgeben oder mit Alufolie abdecken. Es ist ratsam, die Form auf ein Backblech zu stellen, um eventuelle Tropfen aufzufangen. Das Backblech in die unterste Einschubleiste des Ofens schieben. Nach 30 Minuten Backzeit vorsichtig aus dem Ofen nehmen, den Reis umrühren und zurück in den Ofen stellen. Noch einmal 30 Minuten Backzeit einstellen, erneut umrühren und prüfen, ob der Reis weich ist – falls nicht, noch einmal 15 Minuten in den Ofen stellen. Falls Sie während des Backens feststellen, dass der Pudding zu trocken wird, rühren Sie etwas Reis- oder Sojamilch zusätzlich ein. Warm oder kalt mit den gehackten Pistazien bestreut servieren.

Für 6 Portionen

Pudding

125 g Risottoreis (Arborio)
50 g Sultaninen oder Rosinen
50 g geriebener Apfel (entspricht einem kleinen Apfel)
60 ml Agavendicksaft oder Ahornsirup
1 Teelöffel Vanilleextrakt
½ Teelöffel Zimt
¼ Teelöffel Muskat
1 Dose (400 ml) Kokosmilch
250 ml Reismilch oder Sojamilch

Dekoration

1 Esslöffel ungesalzene Pistazien, gehackt

{ E-Herd 170°C
Gasherd Stufe 3 }

Pflaumen-Pekan-Crumble

WF ZR

Wer den Crumble erfunden hat, verdient einen Orden für dieses einfache und beliebte Dessert. Man braucht dafür nur Obst klein zu schneiden, ein bisschen Fett mit Mehl und Zucker zu vermischen und auf das Obst zu streuseln, und ab in den Ofen damit. Schon hat man ein traumhaftes, herzerwärmendes Winter-Dessert, das mit einem Klecks Vanillecreme oder Eis perfekt ergänzt werden kann. Dieser Pflaumen-Pekan-Crumble ist eine verfeinerte Version, wodurch sein Auftritt in diesem Buch gerechtfertigt ist.

Benötigt wird eine flache Backform (Inhalt 1 Liter) aus Glas oder Keramik.

Die Pflaumen halbieren und dicht nebeneinander in die Form legen. Mit einem Esslöffel braunem Zucker bestreuen (der zweite Esslöffel brauner Zucker wird zuoberst auf die Streusel gegeben). Die Pflaumen etwa 15 Minuten im Backofen backen, bis sie weich werden.

Inzwischen das Gerstenmehl in eine große Schüssel geben und das Streichfett mit den Fingerspitzen in das Mehl einarbeiten, bis der Teig Streusel bildet. Zucker, Haferflocken und Pekannüsse unterrühren.

Die Pflaumen aus dem Ofen nehmen und mit einem Löffel die Streusel darauf verteilen und auf dem Obst festdrücken. Wenn Sie's süß und knusprig mögen, den restlichen braunen Zucker auf der Oberfläche verstreuen (für die ZR-Version weglassen).
Etwa 30–40 Minuten backen, sodass die Streusel hellbraun und kusprig sind. Mit Vanillecreme **(S. 188)** oder Vanilleeis **(S. 160)** servieren.

Für 8 Portionen

10–12 große Pflaumen (750 g)
2 Esslöffel (30 g) brauner Zucker
140 g Gerstenmehl
65 g milchfreies Streichfett
50 g Zucker
50 g Haferflocken
50 g Pekannüsse, grob gehackt

{ E-Herd 200°C
Gasherd Stufe 6 }

Apfel-Brombeer-Betty

NF

Anders als eine englische Charlotte, die aus Schichten von eingezuckerten Brotscheiben mit einer Lage Obst in der Mitte besteht, ist eine Betty eine Süßspeise mit einer Lage Obst, die mit zerbröseltem Brot und Zucker überbacken wird. Diese beiden Süßspeisen werden häufig verwechselt. Meine Großmutter hieß Charlotte, und ich könnte eigentlich Betty heißen (als Kurzform für meinen Vornamen Elisabeth), weshalb ich mich dazu berufen fühle, an dieser Stelle auf den feinen Unterschied hinzuweisen.

Benötigt wird eine flache Backform (Inhalt 1 Liter) aus Glas oder Keramik.

Das Streichfett in einem Topf bei kleiner Flamme zum Schmelzen bringen. Zucker, Sirup, Zitronenschale und -saft in das geschmolzene Fett geben und rühren, bis sich der Zucker gelöst hat. Das zerbröselte Brot hinzugeben und rühren, bis die gesamte Flüssigkeit aufgesogen ist. Von der Kochstelle nehmen und gegebenenfalls die gemahlenen Haselnüsse unterrühren.

Die Apfelscheiben in die Form schichten und die Brombeeren darauf verteilen. Die Brotmasse auf das Obst geben und in den Ofen stellen. Backzeit: 20–25 Minuten, bzw. bis die Äpfel weich und die Brotstreusel hellbraun gebacken sind. Ofenwarm mit Sojasahne **(S. 187)** oder Cashewsahne **(S. 187)** servieren.

Für 6 Portionen

50 g milchfreies Streichfett
65 g brauner Zucker
2 Esslöffel heller Sirup
Abgeriebene Schale und Saft von ½ Zitrone
2 große Scheiben (125 g) Vollkornbrot, zerbröselt
2 Esslöffel (25 g) gemahlene Haselnüsse (für die NF-Version weglassen)
3–4 (500 g) große Äpfel, geschält, ohne Kerngehäuse und in dünne Scheiben geschnitten
125 g Brombeeren

{ E-Herd 180°C
Gasherd Stufe 4 }

Beerenauflauf

Dieser Beerenauflauf ist womöglich noch einfacher zuzubereiten als ein Crumble. Für den fruchtigen Inhalt eignet sich jede Obstsorte, aber Beeren machen sich besonders gut, erstens wegen der kräftigen Farbe und zweitens wegen der vielen Antioxidantien! Ich verwende meist Brombeeren, schwarze Johannisbeeren und Heidelbeeren, aber jede andere Zusammenstellung ist gut – einfach ausprobieren und z. B. süße und herbe Beeren mischen. Der Teig zum Überbacken wird einfach zusammengerührt und dann nur löffelweise auf das Obst verteilt, sodass Lücken bleiben, durch die das Obst zu sehen ist. Es gibt auch die schöne und ordentliche Variante, bei der ein feiner Keksteig zubereitet wird, der dann in Form von ausgestochenen Kreisen auf der Fruchtmasse platziert wird, aber ehrlich, wer will sich die Mühe machen, wenn man den Spaß haben kann, einfach Teigklumpen auf den Kuchen zu klatschen?

Eine Auflaufform aus Glas oder Keramik einfetten (Größe etwa 20 x 20 cm) oder 6 einzelne Auflaufförmchen verwenden.

Obstfüllung: Beeren, Zucker und Pfeilwurzelmehl vermengen und in die Auflaufform bzw. in die Portionsförmchen geben.

Teig zum Überbacken: Zitronensaft und Zitronenschale in die Sojamilch einrühren und zum Andicken einige Minuten stehen lassen. Dann das Öl unterschlagen. Mehl, Backpulver, Salz und Zimt sieben und den Zucker einrühren. Anschließend die Milch und das Mehl zu einem feuchten Teig verrühren. Den Teig mit einem Löffel portionsweise auf die Beeren geben – dabei Lücken lassen.

Etwa 25-30 Minuten backen, bis der Teig aufgegangen und hellbraun ist und die Beerenmasse darunter kocht. Warm servieren und dazu Sojasahne **(S. 187)** oder Vanilleeis **(S. 160)** reichen.

Für 6 Portionen

Obstfüllung
ca. 450 g gemischte Beeren
65 g Zucker
2 Esslöffel Pfeilwurzelmehl

Teig
1 Teelöffel Zitronensaft
1 Teelöffel Zitronenschale
180 ml Sojamilch
60 ml mildes Öl,
　z. B. Sonnenblumenöl
240 g Mehl
2 Teelöffel Backpulver
¼ Teelöffel Salz
½ Teelöffel Zimt
2 Esslöffel Zucker

{ E-Herd 180°C
Gasherd Stufe 4 }

Englischer Brotpudding mit Butter

ZR NF

Brotpudding erinnert mich immer an meine Kindheit. Ich weiß noch, wie ich in den Ofen lugte, um nachzusehen, ob er obendrauf schon braun genug war. Am liebsten mochte ich die knusprige obere Schicht, deshalb war es wichtig, genau den richtigen Bräunungsgrad abzupassen.

Eine Auflaufform aus Glas oder Keramik einfetten (Größe etwa 20 cm x 20 cm)

Auf jede Brotscheibe eine dicke Schicht Streichfett auftragen, dabei etwas Fett übriglassen, das erst zum Schluss benötigt wird. Jede Scheibe in vier Dreiecke zerteilen. Eine Lage Brotecken mit der bestrichenen Seite nach oben in die Form legen, dabei möglichst keine Lücken lassen, sondern das Brot eventuell in passende Stücke schneiden. Mit einem Esslöffel Zucker und etwa der Hälfte an Rosinen/Sultaninen bestreuen. Darauf kommt eine zweite Lage Brot, ein Esslöffel Zucker und der Rest an Rosinen. Zum Schluss wieder eine Lage Brot so anordnen, dass die Scheiben etwas überlappen und die Spitzen der Dreiecke ein wenig hochstehen. Sie werden beim Backen dann braun und knusprig.

Kichererbsenmehl und Maisstärke in einem weiten Krug oder einer Schale vermischen und nach und nach mit der Milch verschlagen. Die Flüssigkeit gleichmäßig über die Brotscheiben geben. Etwa ½ bis 1 Stunde in den Kühlschrank stellen, damit das Brot einen Teil der Flüssigkeit aufnehmen kann.

Den restlichen Zucker obendrauf geben und das restliche Streichfett in kleinen Flocken auf das Brot setzen. Etwa 30–35 Minuten backen, bis der Pudding knusprig und goldbraun ist. Meine Mutter drehte mir immer noch etwas Milch zum Drübergießen an, aber ich schlage lieber dünnflüssige Sojasahne vor **(S. 187)**.

Für 6–8 Portionen

250–300 g gutes Weißbrot, in dünne Scheiben geschnitten (6–8 Scheiben)
50 g milchfreies Streichfett
50 g Zucker
80 g Rosinen oder Sultaninen
70 g Kichererbsenmehl (Besan)
2 Esslöffel Maisstärke
500 ml Hafermilch, Reismilch oder Sojamilch

{ E-Herd 180°C
Gasherd Stufe 4 }

Zitronensirup-Pudding

Wer erinnert sich nicht gern an Siruppudding? Irgendwie war nie genug Sirup dran, stimmt's? Diese Version enthält eine Unmenge davon, der Sirup wird aber mit Zitrone vermischt, um ihn etwas weniger süß zu machen und den Teig besser zu durchtränken.

Eine Puddingform (Inhalt 1 Liter) mit Streichfett einfetten.

Den hellen Sirup in die Form gießen und die Hälfte des Zitronensafts hineinrühren. Die beiden Mehlsorten mit dem Backpulver, Natron und Salz sieben.

In einer anderen Schale oder einem Krug den Rest des Zitronensafts und die Zitronenschale mit der Sojamilch verschlagen und die Flüssigkeit zum leichten Andicken einige Minuten stehen lassen. Dann Öl und Zucker hineingeben und alles mit dem Schneebesen verschlagen. Nun die Flüssigkeit zu der Mehlmischung geben und unterrühren. Den Teig in die Form gießen.

Die Form oben mit Backpapier zudecken (eine Falte in das Backpapier schlagen, damit es sich ausdehnen kann), und das Backpapier mit einem Bindfaden rundum festbinden. Die Form in einen Dampfgarer stellen und den Pudding 1½ Stunden garen lassen. Falls Sie keinen Dampfgarer haben, verwenden Sie einen großen Topf mit Deckel, in den Sie einen Untersatz oder einen Teller stellen, auf den die Form gestellt wird. Achten Sie während des Garens auf den Wasserstand und gießen Sie kochendes Wasser nach, wenn nötig.

Wenn die Garzeit um ist, den Pudding vorsichtig aus dem Dampfgarer nehmen und das Papier abnehmen. Mit einem hineingesteckten Holzstäbchen prüfen, ob der Pudding gar ist – wenn es beim Herausziehen trocken ist, ist der Pudding fertig. Etwa 5 Minuten abkühlen lassen, dann mit einem Messer vom Rand der Form lösen und auf einen großen Teller stürzen.

Mit Vanillecreme (S. 188) servieren.

Für 8–10 Portionen

200 g heller Sirup
Saft von 1 Zitrone
120 g weißes Mehl
70 g Vollkornmehl
1 Teelöffel Backpulver
½ Teelöffel Natron
¼ Teelöffel Salz
1 abgeriebene Zitronenschale
250 ml Sojamilch
80 ml mildes Öl,
  z. B. Sonnenblumenöl
100 g Zucker

Christmas-Pudding

GF ZR NF

Dieses Rezept basiert auf dem Rezept meiner Mutter, das wiederum auf dem Rezept ihrer Mutter basiert, und ich gehe davon aus, dass meine Töchter die Tradition fortführen. Jede Generation ändert das Rezept ein bisschen und lässt den eigenen Zeitgeschmack einfließen. Meine Mutter stellte den Pudding immer schon Wochen vor Weihnachten her, aber obwohl ich es mir jedes Jahr vornehme, schaffe ich es wohl nie. Er schmeckt trotzdem gut, auch wenn er nicht genug Zeit hatte, richtig durchzuziehen. Bei uns ist es Familientradition, dass jeder den Teig einmal umrührt und sich dabei etwas wünscht. Den Brauch meiner Mutter, eine in Alufolie eingewickelte Münze im Pudding einzubacken, habe ich allerdings aufgegeben – da habe ich doch zu viel Angst, dass jemand sich daran verschluckt oder eine Aluminium-Vergiftung erleidet.

Eine Puddingform (Inhalt 1 Liter) einfetten.

Trockenobst, geriebenen Apfel, Zitronen- und Orangenschale sowie die Gewürze in einer großen Schüssel vermischen. Bier, Orangen- und Zitronensaft und den Weinbrand oder Rum darüber gießen, gründlich verrühren und zugedeckt über Nacht stehen lassen.

Am nächsten Morgen das Mehl mit dem Backpulver sieben und zu der Trockenobstmischung geben, Semmelbrösel, Zucker und Salz hinzugeben. Melasse und Öl vermischen und in den Teig einrühren. Nun kann jeder den Teig weiterrühren und sich dabei etwas wünschen.

Den Teig in die Puddingform geben und glatt streichen. Die Form oben mit mit einer doppelten Lage Backpapier und zusätzlich einer Lage Alufolie zudecken (eine Falte in die Abdeckung schlagen, damit sie sich ausdehnen kann), und Papier und Folie mit einem Bindfaden rundum festbinden.

Die Form in einen Dampfgarer stellen und den Pudding 6 Stunden garen lassen. Falls Sie keinen Dampfgarer haben, verwenden Sie einen großen Topf mit Deckel, in den Sie einen Untersatz oder einen Teller stellen, auf den die Form gestellt wird. Achten Sie während des Garens alle 1 bis 2 Stunden auf den Wasserstand und gießen Sie kochendes Wasser nach, wenn nötig.

Wenn die Garzeit um ist, den Pudding vorsichtig aus dem Dampfgarer nehmen und in der Form abkühlen lassen. Dann Papier und Folie abnehmen und die Form mit neuem Papier und Folie abdecken. Kühl und trocken, d. h. gegebenenfalls im Kühlschrank bis Weihnachten aufbewahren. Zum Aufwärmen 1 bis 2 Stunden im Dampf erhitzen. Mit Vanillecreme **(S. 188)** oder Vanilleeis **(S. 160)** servieren.

Für 12 Portionen

800 g gemischtes Trockenobst, z. B. Sultaninen, Rosinen, Korinthen, klein geschnittene Feigen und Pflaumen, Sukkade, Sauerkirschen, oder Ähnliches

1 großer geriebener Apfel

Saft und abgeriebene Schale von 1 Zitrone und 1 Orange

1 Teelöffel Muskat

1 Teelöffel Zimt

1 Teelöffel Gewürzmischung, z. B. Lebkuchengewürz

125 ml Bier

2 Esslöffel Weinbrand oder Rum (falls gewünscht)

140 g Vollkornmehl oder glutenfreie Mehlmischung 1 **(S. 55)**

2 Teelöffel Backpulver

125 g Semmelbrösel (oder glutenfreie Semmelbrösel)

100 g dunkler brauner Zucker

¼ Teelöffel Salz

2 Esslöffel Melasse

180 ml mildes Öl, z. B. Sonnenblumenöl

Kapitel sechs

Obstdesserts

Wenn der Mensch genetisch zu 98 Prozent mit dem Affen übereinstimmt, ist es wahrscheinlich richtig, sich auch als Mensch hauptsächlich von Früchten zu ernähren. Früchte sind nährstoffreich, enthalten den begehrten Zucker und können damit als vollständige Ernährung dienen, vor allem, wenn Fruchtgemüse (Avocados, Tomaten, Paprika, Gurken) im Ernährungsplan enthalten sind. Zum Frühstück nehme ich sehr gern ausschließlich Obst zu mir, entweder nur eine bestimmte Sorte oder einen Obstsalat oder auch einen gemischten Fruchtsaft. Das schmeckt süß, entschlackt und gibt einen schnellen Energieschub – für den Start in den Tag besser als eine Ladung Koffein.

Obst ist auch ein hervorragendes Dessert, denn die Süße stammt zum großen Teil aus dem natürlichen Fruchtzucker der Früchte, statt aus zugesetztem Zucker. Auch wenn viele Nährstoffe dabei verloren gehen, wird Obst durch Kochen meist für Menschen genießbarer, die eigentlich kein Obst essen.

Le cru
Melbourne, Australien

Die Rohkostrevolution findet statt! Überall in der Welt erklären uns strahlende, glückliche Menschen die Vorzüge der Rohkosternährung, und sie sehen dabei so großartig aus, dass man ihnen leicht glauben kann. ›Rohkost‹ bedeutet unverarbeitete, oft biologisch angebaute Nahrung im natürlichen Zustand. Erhitzt werden die Nahrungsmittel nur bis zu einer Temperatur von 40–46°C, d. h. der Temperatur, bei der die Enzyme in der Nahrung zerstört werden. Rohkost ist von Natur aus glutenfrei, enthält wenig Zucker und ist im Allgemeinen vegan. Sie enthält keine künstlichen Zusatzstoffe wie Aromastoffe, Farbstoffe oder Konservierungsstoffe. Stattdessen ist Rohkost voller Vitamine and Antioxidantien. Rohköstler sagen, diese Ernährung gibt ihnen Unmengen Energie und ist die beste Vorbeugung gegen frühes Altern und gegen Krankheiten. Um die Vorteile von Rohkost auszunutzen, muss man sich nicht ausschließlich auf Rohkost beschränken – man kann auch einfach mehr Rohkost in seine Ernährung integrieren, also Obst, frisch gepressten Gemüsesaft, grüne Smoothies, Rohkost-Müsli, Salate, Trockenobst und Nüsse. Wenn Sie ein enthusiastischer Rohköstler sind, kann Gourmet-Rohkost Ihnen wahre Geschmackserlebnisse bereiten. Wenn Sie sich fragen, wie gut Rohkost schmecken soll – probieren Sie das eine oder andere Rezept aus diesem Buch aus, zum Beispiel die Schwarzwälder Kirschtorte, Limettencreme-Törtchen, oder Eis mit Schokosplittern **(S. 50, 109, und 169),** alles leckere Dinge, die Sie sicher überzeugen werden.

Ich war hoch erfreut, als ich erfuhr, dass in Melbourne ein Rohkost-Restaurant eröffnet wurde: das »Le Cru«. Der Name ist französisch und bedeutet »roh«. Carolyn Trewin, die Inhaberin des Le Cru, erklärte mir, dass sie durch ihre Brustkrebserkrankung von den Vorzügen der Rohkost überzeugt worden war. Auf der Suche nach Antworten befasste sie sich vier Jahre lang mit dem Thema Zellverjüngung und der Behandlung von Tumoren durch basische Vollwertrohkost. Ihre Tochter Nush, die Köchin des Restaurants, kümmert sich mit Leidenschaft, Liebe und Hingabe um die Zubereitung im Sinne der ›Living Cuisine‹. Gemüse, Früchte, Nüsse, Samen, Meeresgemüse, Irisch Moos, frische Kräuter und exotische Gewürze werden gemixt, gekeimt, fermentiert und getrocknet.

Ich bestellte mir ein unglaubliches Mahl mit Rote-Beete-Ravioli und Rauchteepilzen, gefolgt von Kartoffelsalat und Rotkraut. Zum Dessert teilten meine Begleitung und ich uns ein Ananas-Carpaccio und ein Stück Schokoladenganache-Torte mit Kokoscreme. Und wir tranken einen lieblichen Bio-Riesling aus Neuseeland – Wein ist schließlich Rohkost! Das Essen war wunderschön farbenfroh und geschmacksintensiv – ein Fest für die Sinne.

Carolyn und Nush konzentrieren sich mittlerweile auf ihren Vollwertkosthandel und beliefern Einzelhandelsgeschäfte und Caterer mit köstlichem Rohkost-Eis, Crackern und Müsliriegeln. Rohkostanhänger bedauern, dass das Restaurant inzwischen geschlossen wurde, aber immerhin ist ein Großteil der Produkte auch in Läden und im Onlineversand erhältlich.

www.nushiesnatural.com.au

Ananas-Carpaccio »Le Cru« GF NF R

Erfrischendes, sommerliches Dessert – einfach in der Zubereitung.

Für 8 Portionen

Carpaccio
1 kleine Ananas
2 Esslöffel Rum oder Ananassaft
60 ml Agavendicksaft

Sorbet
1 große Ananas, fein zerschnitten
180 ml Agavendicksaft
⅛ Teelöffel gemahlener Kardamom

Carpaccio: Die Ananas mit einem scharfen Messer oder einem Küchenhobel in sehr dünne Scheiben schneiden. Die Scheiben über Nacht im Rum oder Ananassaft und dem Agavendicksaft einlegen.

Acht schön geratene Scheiben für die Dekoration beiseitelegen. Falls Sie ein Dörrgerät haben, können Sie die Scheiben 8 Stunden trocknen, sodass Sie schöne Ananas-Chips haben.

Sorbet: Mixen Sie die Zutaten in der Küchenmaschine oder im Standmixer zu einer glatten Flüssigkeit und frieren Sie diese in der Eismaschine entsprechend der Gebrauchsanweisung ein. Alternativ kann das Sorbet auch nach der Anleitung auf **S.155** ohne Eismaschine gefroren werden.

Servieren: Die Ananasscheiben ringförmig auf einen Teller legen. Eine Kugel Sorbet in die Mitte geben und mit einer Ananasscheibe oder einem Ananas-Chip garnieren.

Winterliches Obstkompott GF NF R ZR

Zusammen mit einfachem Sojajoghurt oder roher Cashewsahne (S. 187) ist dies eine prima Nachspeise für den Winter, die ich auch sehr gerne morgens mit Haferflocken esse. Zum Frühstück ist das Obstkompott bestens geeignet: ballaststoffreich, vollgepackt mit Vitaminen und Mineralstoffen, und es hält einen warm bis zum Mittagessen . . .

Die Apfelsine auspressen und den Saft zusammen mit etwa der gleichen Menge an Wasser in eine Schale geben. Trockenobst und Gewürze dazugeben, sodass alles vom Saft bedeckt ist. Über Nacht einweichen lassen. Die Gewürze vor dem Servieren entfernen.

Für 2-3 Portionen

8 getrocknete Aprikosen
8 Trockenpflaumen
Eine Handvoll Sultaninen
Einige Gojibeeren
Saft von 1 Apfelsine
1 Zimtstange
2 Gewürznelken
1 kleines Stück Sternanis

Amaretto-Peacherines

Peacherines sind lecker. Bis ich nach Australien zog, kannte ich diese Früchte nicht, deshalb weiß ich nicht, ob es sie anderswo überhaupt gibt. Es handelt sich um eine Kreuzung zwischen Pfirsich und Nektarine, und – wie Sie sich sicher schon denken – sie bringen das Beste von beidem mit. Sie sind groß, fleischig und saftig und haben eine glatte Haut. Falls Sie keine Peacherines auftreiben können, nehmen Sie für dieses Rezept möglichst große Nektarinen. Jedenfalls ist dies ein einfach zuzubereitendes sommerliches Dessert, das seine Raffinesse durch den Amaretto erhält. Ersatzweise können Sie statt des Amarettos einen Tropfen Mandelextrakt an die Marinade geben, wenn das Dessert ohne Alkohol zubereitet werden soll. Die Früchte können auch auf dem Grill gegart werden.

Das Streichfett schmelzen und mit dem Agavendicksaft und dem Amaretto bzw. Mandelextrakt mischen. Die Nektarinen halbieren und mit der Schnittfläche nach oben auf ein Backblech legen. Mit der Amarettomarinade bestreichen.

Das Backblech für 8–10 Minuten bei eingeschaltetem Grill in den Ofen schieben. Dazu Creme oder Eis reichen und mit dem Rest Marinade beträufeln.

Für 6 Portionen

- 2 Esslöffel (30 g) milchfreies Streichfett
- 2 Esslöffel (40 ml) Amaretto (oder 1–2 Tropfen Mandelextrakt)
- 2 Esslöffel (40 ml) Agavendicksaft
- 6 Peacherines oder Nektarinen

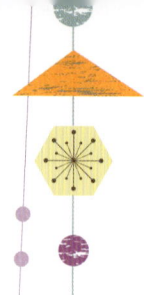

Pochierte Vanille-Birnen mit Haselnuss-Feigen-Füllung

GF ZR

Meine Lieblingsnachspeise als Kind war Birne Helene. Meine Mutter hatte immer Ideen, wie sie einfache Sachen veredeln konnte, selbst wenn es sich um Birnen aus der Dose mit fertig gekauftem Eis handelte. Die Schokoladensauce dazu hat sie allerdings immer selbst gemacht. Ich erinnere mich, dass sie gemahlene Mandeln in die Sauce tat – so versuchte sie immer, gesunde Zutaten in das Essen zu schmuggeln, sodass ich sie nicht herausschmecken konnte.

Bei dieser weiterentwickelten Version sind die Nüsse stattdessen in der Birne versteckt, die mit einer Masse aus gerösteten Haselnüssen, Feigen und Gojibeeren mit einem Hauch Orange gefüllt sind. Die Birnen können mit einer Reduktion der zum Pochieren verwendeten Flüssigkeit serviert werden, wenn eine zuckerreduzierte Variante gewünscht ist, aber sie schmecken mit Vanilleeis und Schokoladensauce immer noch am besten!

Die Birnen schälen (den Stil dranlassen) und aufrecht in einen Topf stellen, der möglichst genau die richtige Größe hat, dass sie nebeneinander hineinpassen. Agavendicksaft, Zimt, Vanillestange und Sternanis in den Topf geben und mit Wasser so weit auffüllen, dass die Birnen gerade bedeckt sind. Abdecken und bei mittlerer Flamme zum Sieden bringen. Die Birnen 15–20 Minuten dämpfen, sodass ein Stäbchen sich leicht hineinstechen lässt. Die Birnen vorsichtig herausnehmen und in einer Schale im Kühlschrank kühlen. Die ganzen Gewürze herausnehmen und die Flüssigkeit weiter köcheln lassen, bis sie zu einem flüssigen Sirup reduziert ist. Von der Kochstelle nehmen, in einen hitzebeständigen Behälter gießen und abkühlen lassen.

Für die Füllung werden die Haselnüsse, Feigen und die Orangenschale in der Küchenmaschine gemixt und fein zerkleinert. Gojibeeren bzw. Sultaninen abgießen und einrühren. Genug Orangensaft hinzugeben, dass die Masse zusammenhält.

Um die Birnen zu füllen, an den Unterseiten jeweils eine dünne Scheibe abschneiden, sodass eine Standfläche entsteht. Mit einem schmalen, scharfen Messer vorsichtig ringförmig um das Kerngehäuse herum schneiden und es dann mit einem Löffel herausholen. Die Birnen mit möglichst viel Haselnussmasse füllen und dann aufrecht auf einen Servierteller stellen. Mit dem reduzierten Sirup beträufeln.

Kalt servieren, nach Wunsch Eis und Schokoladensauce dazu reichen.

Für 6 Portionen

Birnen

6 große, feste Birnen
60 ml Agavendicksaft
1 Zimtstange
1 Vanilleschote, der Länge nach aufgeschlitzt
1 Sternanis
250–375 ml Wasser

Füllung

⅓ Becher Haselnüsse, geröstet, ohne Haut **(siehe S. 18)**
3–4 (80 g) getrocknete Feigen, klein geschnitten
1 Teelöffel abgeriebene Orangenschale
2 Esslöffel Gojibeeren oder Sultaninen, eingeweicht in heißem Wasser
1–2 Teelöffel Orangensaft

Nach Belieben servieren mit

Vanilleeis **(S. 160)** und einfacher Schokoladensauce **(S. 190)**

Apfel-Erdbeer-Gelee

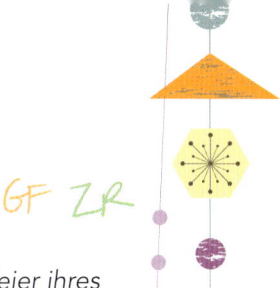

GF ZR

Meine Freundin Jenni bot dieses Apfel-Erdbeer-Gelee bei der Geburtstagsfeier ihres Sohnes an, und es war so lecker, dass alle Erwachsenen etwas davon haben wollten.

Stellen Sie 6 kleine Gläser oder Dessertschälchen aus Glas bereit.

Das Agar-Agar-Pulver in einem weiten Kochtopf in den Apfelsaft streuen und 15 Minuten einweichen lassen. Bei mittlerer Flamme zum Kochen bringen und 15 Minuten köcheln lassen. Es ist kein Grund zur Beunruhigung, wenn der Saft dabei nicht dickflüssig wird – er geliert beim Abkühlen. Verwenden Sie nicht mehr Pulver als angegeben, sonst wird das Gelee fest wie ein Ziegelstein.

Behalten Sie das Gelee beim Abkühlen im Auge – wenn es anfängt, fest zu werden, füllen Sie die Gläser zu einem Drittel damit. Darauf kommt eine Lage Erdbeeren, die mit einem Teelöffel Haselnüssen bestreut wird. Darauf wieder eine Schicht Gelee mit Erdbeeren und Nüssen geben und mit einer Schicht Gelee abschließen. Im Kühlschrank vollständig fest werden lassen. Zum Servieren mit einem Spritzer Ahornsirup und einer Erdbeere dekorieren.

Für 6 Portionen

- 2 Teelöffel Agar-Agar-Pulver
- 1 Liter klarer Apfelsaft
- 70 g Haselnüsse, geröstet, ohne Haut und gemahlen (S. 18)
- 150 g Erdbeeren, in Scheiben geschnitten
- 2 Esslöffel Ahornsirup

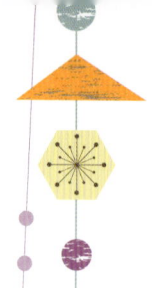

Fünfkorn-Pfannkuchen mit flambierten Bananen

NF ZR

Dies ist ein Grundrezept für Pfannkuchen, das sich für allerlei Zwecke anpassen lässt. Hier sind fünf verschiedene Mehlsorten vorgeschlagen, eine Zusammenstellung, die nahrhafte, ballaststoffreiche Pfannkuchen mit niedrigem Glutengehalt ergibt. Sie können jedoch beliebige Mehlsorten verwenden, solange die Gesamtmenge an Mehl etwa 400 g beträgt. Ebenso können Sie die Milch verwenden, die Sie möchten – Soja-, Reis-, Hafer- oder Nussmilch. Wenn Sie dickere amerikanische »Pancakes« backen wollen, nehmen sie etwas weniger Flüssigkeit und für dünnere Crepes etwas mehr. Die Pfannkuchen eignen sich für süße und für pikante Gerichte – es ist ein sehr vielseitiges Rezept! Diese Version ist eine hervorragende Süßspeise für den Winter. Das Flambieren macht immer Spaß und beeindruckt Groß und Klein.

Die verschiedenen Mehle mit dem Backpulver und dem Salz sieben und eventuell im Sieb verbleibende Kleie oder Körnchen wieder in die Mischung geben. Die Milch in den Standmixer geben, die Hälfte der Mehlmischung dazugeben und alles mixen. Den Rest Mehl dazugeben und den Teig glattrühren. Pfannkuchenteig wird besser, wenn man ihn etwa 30 Minuten ruhen lässt.

Eine gute beschichtete Pfanne oder Gusseisenpfanne bei mittlerer Flamme vorwärmen. Einen Spritzer Öl hineingeben und die Pfanne schwenken, um das Öl zu verteilen. Wenn das Öl anfängt zu rauchen, ist die Pfanne zu heiß. Wenn es nicht auf dem Boden der Pfanne zerfließt, ist sie nicht heiß genug. Nicht zu viel Öl nehmen, es reicht, wenn der Boden der Pfanne eingeölt ist. Falls Sie versehentlich zu viel Öl hinein getan haben, gießen Sie es in ein Schälchen und verwenden es für die nächsten Pfannkuchen. Gießen Sie etwa ¼ – ⅛ Becher Teig in die Pfanne und schwenken Sie sie, um den Teig zu verteilen.

Die Konsistenz des Rezepts ergibt Pfannkuchen, die von der Stärke her so etwa zwischen Crepe und amerikanischem Pfannkuchen liegen. Wenn Sie eher dünnere Crepes backen möchten, geben Sie etwas mehr Milch an den Teig. Wenn sie die dickeren, amerikanischen Pfannkuchen haben möchten, nehmen Sie etwas weniger Milch und schwenken Sie die Pfanne nicht – der Teig soll etwas höher stehen bleiben.

Lassen Sie den Pfannkuchen backen, bis die Oberfläche trocken wird. Das dauert etwa 45 Sekunden bis eine Minute. Drehen Sie den Pfannkuchen mit einem Pfannenwender um und backen Sie ihn von der anderen Seite. Wenn Sie beim Wenden feststellen, dass er etwas zu braun geworden ist, stellen Sie die Flamme etwas kleiner. Falls es länger als eine Minute dauert, bis der Pfannkuchen trocken

Für 6 Portionen

Pfannkuchen
50 g Buchweizenmehl
90 g Maismehl
120 g Hafermehl
70 g Gerstenmehl
70 g Dinkelmehl
2 Teelöffel Backpulver, Prise Salz
1 Liter Reis-, Hafer- oder Nussmilch
Mildes Öl, z. B. Sonnenblumenöl zum Backen

Bananen
6 große Bananen
50 g milchfreies Streichfett
2 Esslöffel brauner Zucker
3 Esslöffel Rum

wird, stellen Sie die Flamme etwas größer. Wenn Sie die richtige Temperatureinstellung gefunden haben, backen Sie nacheinander die anderen Pfannkuchen und fetten Sie den Boden jedes Mal mit etwas Öl ein. Halten Sie die fertigen Pfannkuchen im Backofen bei niedriger Temperatur warm, während Sie weiterbacken.

Die Bananen schräg in dicke Scheiben schneiden. Das Streichfett in einer weiten Bratpfanne schmelzen und die Bananenscheiben darin hellbraun braten. Den Zucker in die Pfanne geben und schmelzen lassen. Den Rum dazugeben und rasch ein brennendes Streichholz daran halten. Warten bis die Flammen von selbst erlöschen.

Zum Servieren jeweils einige Bananenscheiben in die Mitte eines Crepes geben und diesen zusammenrollen. Sojasahne **(S. 187)** oder Erdnussbutter-Eis **(S. 159)** passen gut dazu.

Englischer Sommerpudding

GF NF

Sommerpudding ist ein traditionelles englisches Dessert, das aus einer Mischung sommerlicher Früchte und Brot besteht. Es kam im 19. Jahrhundert auf und war zu der Zeit unter dem reizvollen Namen ›Wasserkur-Pudding‹ bekannt, da es hauptsächlich in Kurkliniken als gesunde Alternative zu Kuchen angeboten wurde. Zum Glück erdachte Anfang des 20. Jahrhunderts jemand den Namen »Sommerpudding«, und das Rezept hat bis heute überlebt. Der Pudding hat eine schöne rubinrote Farbe, schmeckt intensiv nach Früchten, und er ist nicht so schwer wie ein Obstkuchen oder ein Crumble. Am besten eignen sich dafür Himbeeren und rote Johannisbeeren, aber es kann auch eine kleine Menge Brombeeren, Kirschen oder schwarze Johannisbeeren dabei sein. Traditionell wird Weißbrot verwendet, wodurch die kräftige rote Färbung am besten zur Geltung kommt, aber ein sehr helles Vollkornbrot eignet sich auch. Glutenfreies Brot habe ich noch nicht ausprobiert, aber ich kann mir nicht vorstellen, warum es nicht verwendet werden könnte.

Für 6 Portionen

750 g gemischte Beeren (Himbeeren, rote Johannisbeeren, Brombeeren, Kirschen oder schwarze Johannisbeeren), frisch oder tiefgekühlt
100 g Zucker
3 Esslöffel (60 ml) Wasser
6–8 Scheiben (ca. 250 g) Weißbrot, helles Vollkornbrot oder glutenfreies Brot, ohne Rinde

Es wird eine Puddingform (Inhalt 1 Liter) benötigt, dazu ein Teller, der genau in den oberen Rand der Form passt.

Wenn frisches Obst verwendet wird, bitte zunächst abwaschen und Stiele oder Kerne entfernen. Obst, Zucker und Wasser in einem breiten Kochtopf mit schwerem Boden auf kleiner Flamme erhitzen, bis sich der Zucker gelöst hat und die Früchte Saft abgeben – das dauert bei frischen Früchten etwa 3 oder 4 Minuten und 9 oder 10 Minuten bei tiefgekühltem Obst.

Die Puddingform mit den Brotscheiben auslegen, sodass der Boden gut bedeckt ist bzw. die Brotscheiben sich leicht überlappen. Etwas Brot zum Abdecken des Puddings aufheben.

Die Früchte abgießen und etwa 125 ml von dem Saft beiseitestellen. Den Rest Saft mit den Früchten auf das Brot in der Form geben. Die Früchte mit dem restlichen Brot belegen und das Ganze mit dem Teller abdecken. Zum Beschweren ein Gewicht auf den Teller stellen (zum Beispiel Konservendosen). Über Nacht in den Kühlschrank stellen.

Den Teller abnehmen und zum Servieren einen Kuchenteller umgekehrt auf die Form legen und das Ganze rasch umdrehen. Die Form abnehmen und überschüssigen Saft mit einem Löffel auf das Brot geben, falls es an einigen Stellen noch nicht durchtränkt ist. Mit gekühlter Sojasahne oder Cashewsahne **(S. 187)** servieren.

Bratäpfel

GF ZR

Warum nur gibt es in meiner neuen Heimat Australien keine Bramley-Äpfel? Ich kann nur davon träumen, was diese Äpfel für einen Schmelz haben, wenn sie gebraten oder gekocht werden und muss im wahrsten Sinne des Wortes die Zähne zusammenbeißen, wenn ich andere Äpfel gare und sie zu fest bleiben. Falls Sie Bramleys für dieses Rezept auftreiben können, sind Sie zu beneiden. Andernfalls sind Granny-Smith-Äpfel die beste Alternative.

Sie benötigen eine ofenfeste Form, in die die Äpfel nebeneinander hineinpassen.

Alle Zutaten für die Füllung in einem Schälchen vermischen und etwa 30 Minuten ziehen lassen, sodass die Trockenfrüchte den Saft aufnehmen.

Äpfel waschen und das Kerngehäuse entfernen, dabei großzügig aushöhlen, sodass viel Füllung hineinpasst. Die Apfelschale rundherum einmal horizontal einschneiden. Falls Sie das vergessen, könnte es in Ihrem Ofen eine Explosion geben, deren Überreste sich anschließend nur mit einigem Säuberungsaufwand wieder beseitigen lassen. So viel Füllung wie möglich in die Äpfel geben und diese dann aufrecht in die Form stellen. Vier Esslöffel Wasser um die Äpfel in die Form geben und mit einem Deckel oder mit Alufolie zudecken.

Etwa 45 Minuten bis eine Stunde backen, bis die Äpfel weich sind. Warm mit Vanillecreme (**S. 188**) servieren.

Für 4 Bratäpfel

4 möglichst große Äpfel

Füllung
70 g Sultaninen oder Rosinen
4 (ca. 60 g) Medjool-Datteln, fein zerkleinert
35 g essfertige Trockenpflaumen, fein zerkleinert
2 Esslöffel gehackte Mandeln (für eine NF-Version weglassen)
½ Teelöffel Zimt
Saft einer Orange

{ E-Herd 200°C
Gasherd Stufe 6 }

Kapitel sieben
Eis und Sorbet

Ja, es gibt Orte auf dieser Erde, wo man leckeres und verhältnismäßig gesundes veganes Eis kaufen kann. Adelaide in Australien gehört allerdings nicht dazu. Als ich hierher zog, wurde aus einem gelegentlichen Herumprobieren mit selbstgemachtem Eis eine ernst zu nehmende Vollzeitbeschäftigung.

Ich probierte haufenweise Vanilleeis-Rezepte aus, aber fand die meisten davon entweder zu wässerig oder zu stark nach Bohnen schmeckend. (Obwohl ich sehr gern Tofu mag, hat er meiner Meinung nach in Eis nichts zu suchen.) Ich probierte also konventionelle Milcheis-Rezepte aus und verwendete Sojasahne statt Sahne, das schmeckte aber zu sehr nach Fett. Letztendlich bestand die perfekte Lösung in einer Halb-und-Halb-Kombination aus Vanillecreme und Sojasahne, einer dickflüssigen, cremigen Mischung mit genau der richtigen Menge Fett. Mein Vanilleeis ist für jeden der Hit, ist leicht herzustellen, schmeckt fantastisch und enthält relativ wenig Fett und Zucker im Vergleich zu fertig gekauften Sorten. Zudem kann man das Rezept einfach durch Hinzufügen von Zutaten oder Abwandeln der Geschmacksrichtung variieren.

Frisches hausgemachtes Sorbet. So einfach. So frisch. So ohne Farbstoffe, künstliche Aromen und Konservierungsstoffe. Und im Sommer, wenn es Obst in Hülle und Fülle gibt, auch so preiswert. Was kann Sie davon abhalten, hier mal auf Entdeckungsreise zu gehen?

Ich möchte Sie ermutigen, es mit einer Obstsorte zu versuchen, die Sie gern mögen oder die in Ihrem Einkaufsladen im Angebot ist. Unter den Rezepten sind zwei Klassiker, die in unserer Familie die Lieblingssorten sind.

Seit Kurzem experimentiere ich auch mit Rohkost-Eis. Was für eine Offenbarung! Mit nur ein paar frischen rohen Zutaten hat man in Minutenschnelle leckeres Eis. Schwelgen ohne Schuldgefühl ist garantiert. Und den Kinder-Test besteht das Eis auch.

Eis selber machen

Ich besitze eine tolle Eismaschine, die das Eis beim Rühren kühlt, sie stellt allerdings eine ziemliche Investition dar. Vorher hatte ich jahrelang ein preiswertes, aber zuverlässiges Gerät mit einem Zylinder, den man über Nacht in den Gefrierschrank stellen musste, bevor man Eis machen wollte. Gleich welche Art von Eisbereiter Sie verwenden, befolgen Sie bei den Rezepten in diesem Kapitel die Anweisungen des Herstellers.

Falls sie keine Eismaschine besitzen, ist das kein Problem. Man kann trotzdem recht einfach Eis selbst herstellen.

1. Bereiten Sie das Rezept nach Anweisung zu.
2. Geben Sie die Zubereitung in eine stabile Gefrierdose mit Deckel.
3. Für etwa zwei Stunden in den Gefrierschrank stellen.
4. Aus dem Gefrierschrank nehmen und das Eis mit einer Gabel grob zerkleinern.
5. Das Eis entweder mit der Gabel zerdrücken oder in einem Standmixer oder in der Küchenmaschine kurz pürieren.
6. Die Schritte 2-5 ein- oder zweimal wiederholen. Je öfter das Eis durchgerührt wird, desto homogener wird es, aber es passiert natürlich sehr leicht, dass man es vergisst und das Eis steinhart gefriert. Das ist kein Grund zur Beunruhigung, einfach eine halbe Stunde antauen lassen und noch mal pürieren oder mit der Gabel zerdrücken.

Millennium Restaurant
San Francisco, USA

The Artful Vegan, das zweite Kochbuch des Millennium Restaurants, hatte bei mir auf dem Regal schon immer einen besonderen Platz. Es wird zu Rate gezogen, wenn ich alle Register ziehen und ein Essen machen möchte, von dem alle meine Freunde beeindruckt sind (selbst die verwöhnten Nicht-Veganer unter ihnen). Das Kochbuch mit seinen seitenlangen Zutatenlisten ist nichts für den zaghaften Koch, aber die Anweisungen sind klar und leicht verständlich, und die Ergebnisse entschädigen für den zusätzlichen Aufwand. Die Rezeptnamen mit den fremdartigen, interessanten Zutaten klingen äußerst spannend, und die Gerichte werden als traumhafte Kombinationen von Farben und Formen präsentiert und bieten interessante Konsistenzen und wahre Geschmacksexplosionen. Hier nur ein paar appetitanregende Beispiele: Schwarzer Quinoakuchen an Calypsobohnensauce, Butternut-Mango-Curry mit Habaneropfeffer in Kokossauce oder Filo-Tasche mit weißen Bohnen an cremiger Knoblauchpolenta mit Steinpilz-Zinfandel-Sauce, Stängelkohl und Grillbirne.

Die Desserts sind ebenso schön anzusehen und delikat wie die Hauptgerichte, und konzentrieren sich auf reine, feine Geschmacksrichtungen. Dabei werden leichte, gesunde Zutaten und regionales Obst der Saison verwendet (und manchmal sogar Gemüse, zum Beispiel beim Apfelkuchen mit Candy Cap Flan, der mit getrockneten Pilzen zubereitet wird). Die Süßspeisen enthalten wenig Zucker und Fett, sind aber in faszinierender Weise reich an Geschmack.

Mir war klar, dass das Millennium Eingang in mein Buch finden sollte, und als ich durch glückliche Umstände auf der Durchreise in Los Angeles war, beschloss ich, mir selbst ein Geburtstagsgeschenk zu machen und einen Abstecher in das Restaurant in San Francisco zu unternehmen. Am Tag, als wir ankamen, fand gerade eine besondere Veranstaltung statt, das alljährliche Southern Comfort Dinner, ein Fünf-Gänge-Menü mit Gerichten aus dem amerikanischen Süden. Passend dazu war die Bedienung im Farmer-Look gekleidet und auf den Tischen standen Mint Julep und Eis-Eimer mit Bierflaschen. Die Gerichte auf der Karte hörten sich alle so an, als gäbe es schweres, fettiges und süßes Essen, aber da wir uns ja im Millennium befanden, waren die traditionellen Magenverderber und Herzanfallauslöser in vegane Gourmet-Gerichte umgewandelt worden. Wir hatten fantastisch viel Spaß.

Es war wirklich nicht einfach, zu entscheiden, welches Dessert aus dem Millennium in diesem Buch vorgestellt werden sollte. Schließlich habe ich etwas sehr Einfaches ausgesucht – Eis. Im Millennium wird völlig leckeres Eis und Sorbet hergestellt, das trotzdem mit wenig Fett und Zucker auskommt. Da ich mich nicht entscheiden konnte, welches ich lieber mag, Pfefferminzeis mit Schokoblättchen oder Erdnussbutter-Eis, habe ich beide Rezepte aufgenommen, dazu das Rohkost-Mangosorbet als Beispiel dafür, wie einfach das Leben manchmal sein kann.

Millennium Restaurant
580 Geary Street
San Francisco
USA
Tel: +1 415 345 3900

www.millenniumrestaurant.com

Millennium Pfefferminzeis mit Schokosplittern

GF

Ein wunderschön grünes Eis mit frischem Minzgeschmack – ganz ohne künstliche Zusatzstoffe und raffinierten Zucker. Das Blanchieren der Pfefferminze ist zeitaufwendig, aber recht einfach und für die hübsche Farbe unverzichtbar. Meine Kinder haben dieses Eis als »Wahnsinn« bezeichnet – wahrhaft ein hohes Lob.

Für etwa 1 Liter Eis

- 1½ Tafeln (150 g) Schokolade, zerkleinert
- 1–2 Bunde frische Pfefferminze (oder Schokominze, falls Sie welche im Garten haben, andernfalls einfache grüne Minze verwenden)
- 625 ml Kokosmilch
- 250 ml Reismilch
- 125 ml Agavendicksaft
- 1 Prise Salz
- 1 Teelöffel Vanilleextrakt
- Natürlichen Pfefferminzextrakt zum Abschmecken (nach Belieben)

Ein großes Backblech mit Backpapier auslegen.

Die Schokolade im Wasserbad schmelzen **(siehe S. 32)** und die geschmolzene Schokolade als dünne Schicht auf dem Backpapier verteilen. In den Gefrierschrank stellen, bis das Eis fertig ist.

Wasser und 1 Prise Salz in einen mittleren Soßentopf geben. Bei großer Flamme zum Kochen bringen.

Inzwischen eine Schale o. Ä. mit Eiswasser füllen, dabei nicht an Eiswürfeln sparen.

Die Pfefferminzblätter von den Stielen pflücken und für etwa 10–15 Sekunden in das sprudelnd kochende Wasser tauchen.

Dadurch werden die Blätter hellgrün. Kurz abtropfen lassen, dann in das Eiswasser tauchen. Durch das Blanchieren und Abschrecken wird verhindert, dass das Blattgrün in der Pfefferminze oxidiert und braun wird. Die abgekühlten Blätter abtropfen lassen.

Die abgetropfte Pfefferminze mit der Kokosmilch im Standmixer etwa eine Minute pürieren, bis die Kokosmilch grün wird. Die Pfefferminzmilch durch ein Seihtuch oder Musselintuch oder notfalls durch ein feines Sieb geben und erneut in den Mixer gießen. Die übrigen Zutaten hinzugeben und kurz mixen, um alles zu verrühren.

Probieren und ggf. mit ein paar Tropfen Pefferminzextrakt abschmecken.

Das Eis nach einer der auf **S. 155** aufgeführten Methoden gefrieren. Wenn es fast gefroren ist, die Schokolade in so kleine Blättchen brechen, wie Sie gern mögen und die Blättchen unterheben.

Millennium Mangosorbet GF ZR NF R

Alle Zutaten außer Agavendicksaft im Standmixer oder in der Küchenmaschine pürieren. Je nach Reifegrad der Mangos mit Agavendicksaft abschmecken. Das Sorbet nach einer der auf **S. 155** aufgeführten Methoden gefrieren.

Für etwa 500 ml Mangosorbet

- 3 Mangos, geschält und klein geschnitten
- 60 ml Limettensaft
- 60 ml Orangensaft
- 125 ml Wasser
- 1 Prise Salz
- 1 Teelöffel Vanilleextrakt
- 2–4 Esslöffel (40–80 ml) Agavendicksaft

Millennium Erdnussbutter-Eis mit Schokosplittern GF ZR

Alle Zutaten außer den Schokostückchen im Mixer oder in der Küchenmaschine glatt rühren. Das Eis nach einer der auf **S. 155** aufgeführten Methoden gefrieren, dabei, falls gewünscht, die Schokoblättchen gegen Ende des Gefriervorgangs unterheben.

Für etwa 1 Liter Eis

- 500 ml Kokosmilch
- 375 ml Reismilch
- 125 ml Ahornsirup oder Agavendicksaft
- 280 g Erdnussbutter (wenn gesalzene Erdnussbutter verwendet wird, kein zusätzliches Salz mehr zugeben)
- ½ Teelöffel Salz
- 1½ Teelöffel Vanilleextrakt
- Einige Esslöffel Schokoblättchen (nach Belieben, nicht bei einer zuckerreduzierten Zubereitung)

Vanilleeis

GF NF

Kinderleicht. Verschwenden Sie kein Geld für fertig gekauftes Eis, das meist teuer ist und häufig unangenehme Überraschungen wie künstliche Geschmacks- oder Farbstoffe enthält. Um einen intensiven Geschmack hinzubekommen, verwenden Sie nach Möglichkeit eine hochwertige, frische Vanilleschote.

Soja-Pudding nach Rezept zubereiten und dabei den Zucker und die Vanille weglassen – sie werden bei diesem Rezept später zugefügt. Abkühlen lassen und inzwischen ein doppeltes Rezept Sojasahne herstellen – auch hier Süßungsmittel und Vanille weglassen.

Pudding und Sojasahne in einer großen Schüssel zusammenrühren und den Zucker und das Vanillemark einrühren. Etwa eine Stunde in den Kühlschrank stellen. Anschließend das Eis nach einer der auf **S. 155** aufgeführten Methoden gefrieren.

Für 1 Liter Eis

1 Rezept (500 ml) Soja-Pudding **(S. 188)**, ohne Zucker und Vanille
Doppeltes Rezept (500 ml) flüssige Sojasahne **(S. 187)**, ohne Süßungsmittel und Vanille
150 g Zucker
Mark von 1 Vanilleschote oder 2 Teelöffel Vanilleextrakt

Brotbrösel-Eis

*Es ist doch herrlich, wenn ungewöhnliche Zutaten
an unerwarteter Stelle auftauchen.*

Ein großes Backblech leicht einfetten.

Das Brot in der Küchenmaschine fein zerbröseln. Mit dem Zucker vermischen und gleichmäßig auf dem Backblech verteilen. Etwa 5 bis 7 Minuten backen, bis der Zucker karamellisiert und die Brösel hellbraun sind. Abkühlen lassen.

Ein Rezept Vanilleeis herstellen. Weil die karamellisierten Brotbrösel so süß sind, verringere ich dabei die Zuckermenge gern auf 100 g statt, wie im Rezept angegeben, 150 g zu nehmen, aber für Süßschnäbel kann einfach das normale Rezept befolgt werden.

Das Eis nach einer der auf **S. 155** aufgeführten Methoden gefrieren und die abgekühlten Brösel einrühren, bevor das Eis zu fest wird.

Für 1 Liter Eis

65 g Brotbrösel
65 g brauner Zucker
1 Rezept Vanilleeis **(S. 160)**

{ E-Herd 180°C
Gasherd Stufe 4 }

Sehnsuchtsküche
Mühlacker, Deutschland

Man muss entweder eine ordentliche Portion Sehnsucht in sich tragen oder von allen guten Geistern verlassen sein. Vor zwanzig Jahren, als es wahrscheinlich noch kein Wort für vegan gab, zogen Andrea Veljkovic und Elmar Gogel mit ihren drei kleinen Töchtern aufs Land. Hinter Mühlacker, bei Pforzheim, am Nordzipfel des Schwarzwalds, nahmen sie das Angebot des örtlichen Reitvereins an und eröffneten dort ein Lokal mit veganer Küche.

Heute sind die Stammgäste so zahlreich, dass man inzwischen weiß, dass das Abenteuer von 1994 ein Happy-End nahm. Das liegt wohl an den leckeren Speisen. Beim Studieren der Karte liest man das Augenzwinkern der Köche gleich mit: Der Sauerbraten (-Seitan) ist natürlich hauseigen hergestellt, traditionell von Hand geknetet und besteht aus Dinkel. Cordon-Bleu und Curry-Geschnetzeltes sind nach allen Regeln der veganen Kochkunst zubereitet ...

Es geht hier einfach und übersichtlich zu: Jeden Sonntag ist Buffet-Zeit, oder sagen wir besser: Schlemm-Zeit. Kochkurse und veganer Stammtisch sorgen für Werbung von Mund-zu-Mund.

Aber noch immer gilt die Sehnsuchtküche als Geheim-Tipp, sogar unter eingefleischten Veganern!

Restaurant Sehnsuchtsküche
An der Wasserhalde 1
75417 Mühlacker
Deutschland
Tel.: +49 (0) 70 41 86 19 23

www.sehnsuchtskueche.de

Limetten-Eis mit Sommerfrüchten GF NF WF

Eis passt immer, nicht nur an heißen Tagen, und obendrein ist die Zubereitung so einfach! Dieser süße Cool-down schmeckt in der kalten Jahreszeit auch mit heißen Himbeeren.

Alle Zutaten miteinander vermischen und ab geht's in die Eismaschine.

Eis portionsweise in Dessertschalen füllen und mit erntefrischen Sommerfrüchten garnieren.

Tipp: Falls Sie sich für die heißen Himbeeren als Fruchtbeilage entscheiden, diese mit etwas Himbeersaft und Agavendicksaft abschmecken.

Für 12-15 Kugeln

- 800 ml Wasser
- 250 ml Limettensaft
- 370 g Zucker oder Agavendicksaft
- 20 g Agavenstärke (Inulin)
- Etwas Bio-Zitronenschale gerieben (gewaschen und Enden abschneiden)
- Verschiedene erntefrische Sommerfrüchte, Menge nach Wahl

Cornett-oh!

Meine Kinder leben gern vegan und haben recht gesunde Ernährungsgewohnheiten. Aber manchmal sind sie doch betrübt, wenn sie sehen, wie andere Kinder fertig gekaufte Eistüten essen. Deshalb habe ich mich also daran gemacht, eine verbesserte Version der Schoko-Nuss-Waffeltüten zu entwickeln, wie ihre Freunde sie essen. Diese himmlische Leckerei ist ein bisschen kniffelig herzustellen, aber es lohnt sich.

Eiswaffeln: Die Schokolade in Stücke brechen und im Wasserbad schmelzen **(siehe S. 32).** Die Schale mit der geschmolzenen Schokolade von der Kochstelle nehmen und auf ein gefaltetes Geschirrtuch stellen, sodass sie nicht wegrutschen kann. Die Waffeltüten einzeln tief in die Schokolade tauchen und dabei die Schale eventuell ein bisschen schwenken, sodass ein breiter Schokoladenstreifen an der Waffel bleibt. Die Waffel verkehrt herum über der Schale kurz abtropen lassen. Dann etwa einen Esslöffel voll Schokolade in die Waffel gießen und diese wieder etwas schwenken, um einen möglichst großen Teil der Innenseite zu benetzen. Die fertigen Waffeln zum Abkühlen auf ein mit Pergamentpapier abgedecktes Backblech oder Tablett legen.

Krokant: Streichfett und Zucker in einem kleinen Soßentopf mit schwerem Boden langsam schmelzen lassen, dabei nicht umrühren – es reicht, den Topf ab und zu etwas zu schwenken. Der Zucker ist geschmolzen, wenn keine Zuckerkristalle mehr zu erkennen sind. Von der Kochstelle nehmen, die Mandeln hineingeben und im Karamell schwenken, sodass sie von allen Seiten damit überzogen werden. Auf ein gefettetes Backblech geben und ca. 10–15 Minuten in den Backofen schieben, bis die Mandeln hellbraun geröstet sind und köstlich duften.

Inzwischen ein weiteres Backblech oder Tablett mit Pergamentpapier belegen, die Mandeln aus dem Ofen nehmen und daraufschütten. Wenn die Mandeln vollständig abgekühlt sind, in der Küchenmaschine grob hacken (Intervall-Betrieb). Zum Zerkleinern kann man sie auch in einen festen Plastikbeutel legen und ein paar Mal mit einer Teigrolle darauf schlagen.

Eis nach dem Vanilleeis-Grundrezept zubereiten (S. 160). Kurz bevor das Eis fest wird, 4 oder 5 Esslöffel Krokant einrühren. Das Eis in eine Gefrierdose geben, und 4 oder 5 Esslöffel Schokocremesauce darüber träufeln. Mit einer Gabel die Sauce vorsichtig unter das Eis ziehen und gefrieren lassen.

Zum Schluss Eis mit einem Portionierer in die Waffel geben, Schokocremesauce und Krokant darüber geben und genießen . . .

Für 6 Stück

Schokolierte Waffeln
1 Tafel (100 g) Schokolade
6 Eiswaffeln (oder glutenfreie Alternative)

Krokant
1 Esslöffel milchfreies Streichfett
50 g Zucker
35 g Mandeln

1 Rezept Vanilleeis (S. 160)
1 Rezept Schokocremesauce (S. 190)

{ E-Herd 180°C
Gasherd Stufe 4 }

Himbeersorbet

Zum ersten Mal habe ich ein frisch zubereitetes Himbeersorbet in einer herrlichen vegetarischen Pension in Nordfrankreich gegessen. Es war Frühsommer, und in dem üppigen Garten der Pension gab es Unmengen an Himbeeren. Das Sorbet war leuchtend rot und äußerst köstlich. Wenn ich Himbeersorbet mache, fühle ich mich jedes Mal in die Idylle dort zurückversetzt. Wenn es nur immer so einfach wäre, solche Momente des vollkommenen Glücks zurückzuholen!

Wenn tiefgekühlte Himbeeren verwendet werden, müssen sie zunächst auf Raumtemperatur aufgetaut werden. Die frischen oder aufgetauten Himbeeren im Mixer oder in der Küchenmaschine mit der Hälfte des Sirups pürieren. Die pürierten Himbeeren durch ein feines Sieb geben, Zitronensaft und den restlichen Sirup einrühren und das Sorbet nach einer der auf **S. 155** aufgeführten Methoden gefrieren.

Für etwa 1 Liter Sorbet

500 g frische oder tiefgekühlte Himbeeren
Saft von 1 Zitrone
500 ml Sorbetsirup (siehe untenstehenden Kasten)

Zitronen-Limetten-Sorbet

Zitronensorbet ist die absolute Lieblingsnachspeise meiner jüngsten Tochter. Sie hatte schon immer eine Schwäche für Süß-Saures, und ich lasse sie, was diesen relativ harmlosen Heißhunger betrifft, gern gewähren. Hier wurde das Zitronensorbet mit Limette aufgepeppt, was ein noch herberes Geschmackserlebnis verspricht.

Den Sirup mit den übrigen Zutaten vermischen und das Sorbet nach einer der auf **S. 155** aufgeführten Methoden gefrieren.

Für etwa 750 ml Sorbet

500 ml Sorbetsirup
125 ml Limettensaft
125 ml Zitronensaft
Abgeriebene Schale von 1 Zitrone und 1 Limette

Sorbetsirup

800 g Zucker
1 Liter Wasser

Wasser und Zucker in einem Kochtopf auf mittlerer Flamme erhitzen, bis der Zucker sich vollständig gelöst hat. Aufkochen, von der Kochstelle nehmen und abkühlen lassen. Bis zur Verwendung im Kühlschrank lagern.

Eis mit Schokosplittern

GF ZR R

Ein Rohkost-Eis mit kräftigem Schokoladengeschmack. Das Rezept enthält die beiden Superfoods Lucuma- und Maca-Pulver, die je nach Wunsch dazugegeben oder weggelassen werden können. Durch das Lucuma kommt eine süße ahorn-ähnliche Geschmacksnote hinzu und die Konsistenz wird homogener. Dazu bringt es eine gesunde Dosis Vitamine A und B und einen hohen Anteil an Eisen mit. Maca hat ein malziges, nussiges Aroma und soll allgemein energiesteigernd wirken und das Hormonsystem ausgleichen. Beide Produkte sind in Reformhäusern erhältlich.

Die Paranüsse mit dem Wasser glatt pürieren. Durch ein Seihtuch oder einen Nussmilchbeutel geben und so viel Flüssigkeit wie möglich aus dem Püree pressen.

Die Nussmilch mit den anderen Zutaten außer den Schokosplittern im Mixer glatt pürieren. Das Eis nach einer der auf **S. 155** aufgeführten Methoden gefrieren. Kurz bevor es fest wird, die Schokoblättchen einrühren. Kann so, wie es ist, serviert werden oder mit Rohschokoladensauce **(S. 190)**.

Für ca. 1 Liter Eis

- 225 g Paranüsse
- 750 ml Wasser
- 30 g Rohkakaopulver
- 2 Esslöffel Sojalezithin (mit der Kaffeemühle zu feinem Pulver mahlen)
- 2 Esslöffel Lucuma-Pulver (nach Wunsch)
- 2 Esslöffel Maca-Pulver (nach Wunsch)
- 50 g Medjool-Datteln
- 60 ml Agavendicksaft, Mark aus 1 Vanilleschote
- 1 Prise Salz
- 1 Rezept Rohschokolade **(S. 207)**, zu Splittern zerkleinert

Erdbeereis

GF ZR R

Dieses Eis ist so cremig und süß, dass man gar nicht darauf kommt, dass es ein Rohkost-Eis ist. Die Banane trägt zu der cremigen Konsistenz bei, aber wer Bananen wirklich nicht mag, kann sie weglassen.

Zunächst das Erdbeermus zubereiten; dazu die Erdbeeren mit dem Agavendicksaft pürieren. Beiseitestellen.

Um das Eis herzustellen, die Cashewkerne mit einem halben Glas Wasser glatt pürieren. Den Rest des Wassers dazugeben, ebenso die Banane, Agavendicksaft, Vanillemark, Kakaobutter, Lezithin und Salz. Alles gründlich zu einer glatten Masse pürieren. Das Erdbeermus einrühren und das Eis nach einer der auf **S. 155** aufgeführten Methoden gefrieren. Die klein geschnittenen Erdbeeren einrühren, kurz bevor das Eis fest wird.

Für ca. 500 ml Eis

Erdbeermus
250 g Erdbeeren
60 ml Agavendicksaft

Eis
140 g Cashewkerne (ein oder zwei Stunden einweichen)
250 ml Wasser
1 kleine Banane
60 ml Agavendicksaft, nach Geschmack
Mark aus 1 Vanilleschote
1 Esslöffel geschmolzene Kakaobutter
1 Esslöffel Sojalezithin, (mit der Kaffeemühle zu feinem Pulver mahlen)
Prise Salz
125 g klein geschnittene Erdbeeren

Kapitel acht
Mousse, Pudding und Sahne

Es gibt unterschiedliche Möglichkeiten, Tiermilch in Mousse, Pudding und Sahne zu ersetzen. Sojamilch ist cremig und ist einfach als Fertigprodukt zu verwenden, und bei einer guten Marke stimmt auch der Geschmack. Auch andere Arten von »Milch« wie Reis- oder Hafermilch eignen sich gut. Milch aus Nüssen oder Samen kann recht einfach selbst hergestellt werden **(siehe S. 10)**, und damit hat man eine nahrhafte, unverfälschte Rohkost-Version des begehrten weißen Saftes. Auch andere Zutaten wie Kokosmilch oder -sahne, Tofu, eingeweichte Nüsse und sogar Avocados können Gerichten eine cremige Konsistenz verleihen und gleichzeitig wertvolle Nährstoffe liefern. Da kann man mit einem guten Gefühl in den sahnigen Leckereien schwelgen!

In the Raw
Adelaide, Australien

Remedy Bliss ist einer von diesen strahlenden, glücklich wirkenden Menschen, deren bloße Anwesenheit einen von den Vorteilen der Rohkost-Ernährung überzeugt. Remedy gründete ihr Schulungszentrum *In the Raw* im Jahr 2008 und bietet seitdem Kurse zur Zubereitung von Rohkost an, mit dem Ziel, Vertrauen in diese Art der Ernährung zu schaffen und Kenntnisse und Fertigkeiten zu vermitteln, die für den Übergang zu einer aus Rohkost bestehenden Ernährung notwendig sind. Remedys Unterricht ist unterhaltsam und lustig; ihr natürlicher Humor und ihre Munterkeit machen sich bemerkbar, wenn sie ihre Gäste auf Entdeckungsreise in die fantastische Welt der Rohkost mitnimmt. Dabei wird zubereitet und erklärt, und Remedy vermittelt ihr umfassendes Wissen über die aktuelle Nahrungsmittelforschung und ihre Begeisterung für hochwertige, regionale, biologisch angebaute Zutaten und für Superfoods. Das Essen ist unglaublich: schön anzusehen, frisch und geschmacksintensiv. Nach dem Essen fühlt man sich, als wenn alle Körperzellen vor Freude singen und der Körper für diese reine, natürliche und Lebendigkeit verleihende Gabe dankt.

Remedy kam zum ersten Mal mit dem Konzept der Rohkost-Ernährung in Berührung, als sie Dr. John Fielder kennenlernte, Gründer der Academy of Natural Living in Queensland, Australien, der zu der Zeit schon seit 40 Jahren Rohkost-Veganer war. Sie konnte sich zunächst nicht vorstellen, dass jemand sich ausschließlich von Rohkost ernähren konnte, war jedoch umgehend überzeugt, als sie diesen dynamischen, intelligenten Menschen kennenlernte; dessen Ausstrahlung und umwerfende Klarheit den von ihm gewählten Lebensstil ausdrückten. Bei diesem Zusammentreffen kam eine Entwicklung in Gang, die einige Jahre später weitergeführt wurde, als Remedy in die USA reiste, um sich bei Dr. Gabriel Cousins am Tree of Life Rejuvenation Center in Arizona weiterbilden zu lassen. Sie verbrachte dort drei Monate, arbeitete in dem zum Center gehörigen Café, lernte alles über die Zubereitung von Rohkost und veränderte ihr Leben. Wie sie selber sagt, »das war definitiv das Richtige. Ich wusste, das war mein Weg.«

Nehmen Sie Kontakt zu Remedy auf, wenn Sie Näheres zu ihren Rohkost-Kursen, Rohkost-Filmabenden und dem Programm zu Themen der Rohkost-Ernährung mit internationalen Referenten erfahren möchten.

Remedy Bliss
In the Raw,
Adelaide
Australien
Tel: +61 (0) 8 8327 1426

remedybliss@gmail.com

Schokoladen-Mousse-Dessert von »In the Raw« GF ZR R

Zum Servieren werden 4 bis 6 kleine Weingläser oder Dessertschälchen benötigt.

Kokos-Cashew-Sahne: Alle Zutaten in der Küchenmaschine oder im Mixer möglichst glatt pürieren.

Schokoladen-Mousse: das Fruchtfleisch der Avocados mit Agavendicksaft, Vanille, Kakao, Zimt, Salz und ¼ Glas von der Gesamtmenge Wasser in der Küchenmaschine gründlich vermengen. Wenn das Mousse noch zu fest erscheint, nach und nach etwas Wasser dazugeben, bis die gewünschte Konsistenz erreicht ist.

Jedes Glas etwa zu einem Viertel mit der Kokos-Cashew-Sahne füllen, jeweils etwa einen halben Becher zerkleinerte Beeren darauf geben und die Gläser dann mit Schokoladen-Mousse auffüllen. Mit Beeren, einigen Kokosflocken oder einem Minzeblatt dekorieren. Vor dem Servieren etwa eine halbe Stunde kühl stellen.

Für 4–6 Portionen, je nach Größe der Portionsschälchen

Kokos-Cashew-Sahne
- 35 g Cashewnüsse (einige Stunden bzw. über Nacht einweichen)
- 2 Esslöffel Agavendicksaft
- 80 g Fruchtfleisch einer jungen Kokosnuss
- 60 ml Kokoswasser
- 2 Teelöffel Vanilleextrakt oder Mark einer Vanilleschote
- ¼ Teelöffel Himalayasalz

Schokoladen-Mousse
- 2 große Avocados
- 125 ml Agavendicksaft
- 2 Teelöffel Vanilleextrakt oder Mark einer Vanilleschote
- 120 g Roh-Kakao-Pulver
- Zimt (zum Abschmecken)
- 1 große Prise Himalayasalz
- 60–125 ml Wasser

2 Schälchen Beeren nach Wahl

So öffnen Sie eine junge Kokosnuss

1. Legen Sie die Kokosnuss auf einem festen Untergrund auf die Seite.
2. Entfernen Sie mit einem großen scharfen Messer die faserige äußere Hülle vom oberen Teil der Kokosnuss.
3. Stellen Sie die Kokosnuss aufrecht hin.
4. Schlagen Sie mit dem Kropf eines Messers rundum entlang einer Linie ungefähr ein Drittel von der Spitze entfernt auf die Schale.
5. Hebeln Sie mit dem Messer die Spitze der Kokosnuss ab.
6. Gießen Sie das Kokoswasser ab und stellen Sie es beiseite.
7. Das Fruchtfleisch mit einem breiten Messer oder einem Löffel herausholen.

Kokos-Crème-Brûlée

Crème brûlée gehört zu den mit Tiermilch zubereiteten Süßspeisen, von denen ich annahm, dass ich sie wohl nie wieder essen würde, nachdem ich Veganerin geworden war. Aber dieses Gefühl, mit dem Löffel die Zuckerkruste zu durchbrechen, um in die sahnige Tiefe der Vanillecreme vorzustoßen ist ein Erlebnis, auf das niemand verzichten müssen sollte. Also stelle ich hier als Ergebnis einer ganzen Versuchsreihe eine Crème brûlée vor – köstlich, knackig, sahnig und ohne Ausbeutung von Tieren. Die Kokossahne sorgt für eine wunderbar gehaltvolle Konsistenz und überdeckt einen etwaigen Bohnengeschmack des Tofus. Unraffinierter Kokoszucker trägt einen besonderen Geschmack bei und ist eine gesunde und umweltfreundliche Alternative zu Rohrzucker, aber es kann natürlich auch gewöhnlicher Zucker verwendet werden.

Für 4-6 Portionen

1300 g weicher Seidentofu
2 Esslöffel Pfeilwurzelmehl
125 ml Kokossahne
100 g Kokoszucker (siehe **S. 12**)
1 Prise Salz
Mark einer Vanilleschote

{ E-Herd 170°C
Gasherd Stufe 3 }

4-6 kleine Auflaufförmchen leicht mit Öl einfetten und in eine Backform stellen.

Den Tofu abtropfen lassen und in die Rührschale der Küchenmaschine geben. Pfeilwurzelmehl, Kokossahne,

50 g von der Gesamtmenge des Zuckers, Salz und Vanillemark dazugeben. Alles gründlich zusammenrühren. Die Masse auf die Auflaufförmchen verteilen.

Nun kochendes Wasser in die Backform gießen, sodass die Förmchen halb hoch im Wasser stehen. Achten Sie dabei darauf, dass kein Wasser auf die Creme spritzt. Nur die Förmchen einzeln mit Folie abdecken – wenn man die ganze Backform mit Folie abdichtet, entsteht in der Form zu viel Dampf. Die Backform in den Ofen stellen, und die Creme etwa 30 Minuten backen bzw. bis sie gerade eben fest wird.

Die Backform aus dem Ofen holen und die Auflaufförmchen aus dem Wasserbad nehmen. Zum vollständigen Abkühlen in den Kühlschrank stellen.

Es gibt drei verschiedene Möglichkeiten, die Karamellkruste herzustellen:

1. Auf jede Portion etwa 1½ Teelöffel Zucker streuen. Mit einem kleinen Hand-Gasbrenner den Zucker erhitzen, bis er karamellisiert und braun und knusprig wird. Kurz abkühlen lassen.

2. Den Grill des Backofens auf höchster Stufe einstellen. Etwa jeweils 1½ Teelöffel Zucker auf die Creme streuen. Die Förmchen unter den Grill stellen und gut überwachen. Sobald der Zucker karamellisiert und braun und knusprig wird, aus dem Ofen nehmen und weitgehend abkühlen lassen. Diese Methode ist recht einfach, allerdings ist es unter Umständen schwierig, den Zucker gleichmäßig zu karamellisieren.

3. 50 g Zucker und 2 Esslöffel Wasser in einen Kochtopf mit schwerem Boden geben und bei niedriger Flamme den Zucker zum Schmelzen bringen. Dabei nicht umrühren, sondern den Topf nur ab und zu etwas schwenken, damit der Zucker sich gleichmäßig auflöst. Wenn er sich gelöst hat, die Flüssigkeit ohne umzurühren zum Sieden bringen und köcheln lassen, bis sie nach etwa 10 bis 15 Minuten eine kräftige Karamellfarbe annimmt. Wenn die Flüssigkeit schön hellbraun ist und Blasen schlägt, von der Kochstelle nehmen und vorsichtig etwa einen Esslöffel davon auf jedes Förmchen geben. Die Förmchen etwas hin- und herschwenken, damit das Karamell sich verteilt. Etwas abkühlen lassen.

Pures Schokoladenmousse

GF NF

Dieses Mousse ist so gut wie es einfach ist. Das Ergebnis hängt sehr von der Qualität der verwendeten Schokolade ab, hier sollte man also keinesfalls knausern. Am besten ist eine Sorte mit 70% Kakaoanteil. Es lohnt sich auch, Schokolade mit Geschmack auszuprobieren, zum Beispiel Orangen- oder Pfefferminzschokolade. Ich serviere dieses Mousse gerne in kleinen Espressotassen.

Acht Espressotassen oder Gläser zum Servieren bereitstellen.

Die Schokolade im Wasserbad schmelzen **(siehe S. 32)**.

Anschließend etwas abkühlen lassen, bis sie etwas dickflüssiger wird. Dieser Schritt sollte nicht ausgelassen werden, denn wenn heiße Schokolade mit kalter Sahne vermischt wird, gerinnt die Schokolade und die Masse wird fest und klumpig. (Falls Ihnen das passieren sollte, nicht verzweifeln – einfach abkühlen lassen und Trüffel daraus formen – sie schmecken trotzdem gut!). Die Sojasahne mit dem Schneebesen in einer großen Schüssel schaumig schlagen. (Sie dickt dabei nicht sehr an). Die geschmolzene Schokolade nach und nach in die Sahne geben, dabei weiterschlagen. Danach 2 Esslöffel Zuckersirup und den Vanilleextrakt einrühren.

Abschmecken – wenn das Mousse noch nicht süß genug ist, etwas mehr Zuckersirup dazugeben.

Das Mousse in die Espressotassen oder in Gläser geben, und zum Festwerden in den Kühlschrank stellen.

Für 8 Portionen

2 Tafeln (200 g) hochwertige dunkle Schokolade
375 ml dünnflüssige Sojasahne (S. 187)
60 ml Sorbetsirup (S. 166)
½ Teelöffel Vanilleextrakt

Haus Hiltl

Das Haus Hiltl blickt auf eine langjährige Tradition zurück: Angefangen hat alles 1898 mit der Eröffnung vom Vegetarierheim und Abstinenz-Café. Hiltl ist laut Guinness World Records das älteste vegetarische Restaurant der Welt und wird heute in vierter Generation von Marielle und Rolf Hiltl geführt.

Aus dem einstigen Vegetarierheim wurde das Haus Hiltl, ein trendiges Vegi-Restaurant mit Restaurant, reichhaltigem Buffet, Take Away, Kochatelier und Laden.

Der Treffpunkt für gesunden Genuss ist ein Vegie der Superlative und bietet als Herzstück das beliebte Hiltl-Buffet mit täglich über 100 heißen und kalten vegetarischen und veganen Spezialitäten aus der Schweiz und aller Welt einschließlich vieler asiatischer Spezialitäten. Hier treffen sich Menschen unterschiedlichster Couleur: Studenten, Teilzeitvegetarier, Veganer, junge Familien, Banker, Grosseltern mit Enkelkindern oder „Shopping-Ladys". 250 Angestellte aus über 50 Nationen kümmern sich von früh bis spät um das Wohl der Gäste.

Wer sich sein Essen lieber selber kocht, kann in einer Gruppe gemeinsam raffinierte vegetarische Spezialitäten im Hiltl-Kochatelier zubereiten.

Haus Hiltl
Sihlstrasse 28
8001 Zürich
Schweiz
Tel: +41 (0) 44 227 70 00

www.hiltl.ch

Soja-Schoggi-Mousse

Passt immer und ist beliebt bei Gross und Klein: Das Hiltl Soja-Schoggi-Mousse ist eine sinnliche Verführung der Geschmacksknospen. Luftig, leicht und schokoladig mit 70 % Grand-Cru Couverture.

Für etwa 4 Portionen

- 250 ml Sojaschlagsahne
- 170 g Zucker
- 1 TL Johannisbrotkernmehl
- 500 g Seitentofu
- 140 g Grand Cru Couverture 70 %
- 140 g Edelbitter-Couverture 49 %
- 80 ml Sojamilch
- 50 g Couverture-Raspel 49 %

Sojaschlagcreme mit dem elektrischen Handrührgerät steif schlagen und kühl stellen.

Zucker und Johannisbrotkernmehl miteinander vermischen, mit dem Seidentofu in eine Schüssel geben und mit dem Stabmixer pürieren.

Die Couverturen mit der Sojamilch in einer Schüssel im Wasserbad schmelzen. Seidentofu-Masse langsam und unter ständigem Rühren zu der geschmolzenen Couverture geben.

Vorsichtig die geschlagene Sojaschlagcreme und die Couverture-Raspel unter die Masse heben und mindestens 2 Stunden kühl stellen.

Tipp: Die Mousse wird noch fester, wenn man sie einen ganzen Tag lang kühl stellt.

Zen-Grüntee-Kokoscreme

GF ZR

Ich bedanke mich bei Stephen Galpin, einem inspirierten ayurvedischen Koch (www.ayurvedickitchen.com.au), dass er mir dieses Rezept überlassen hat, damit ich es adaptieren und veröffentlichen konnte. Es enthält hausgemachte Kokosmilch, Kokosöl, grünen Tee, Kuzu und Jaggery – alles Zutaten, die in 1001 Hinsichten die Gesundheit fördern – und obendrein ist diese Zen-Zen-Grüntee-Kokoscreme äußerst lecker.

Für die Kokoscreme werden 4 Auflaufförmchen benötigt.

Kokosmilch: Kokosraspeln bzw. Kokosfruchtfleisch mit dem Wasser im Mixer ca. zwei Minuten kräftig pürieren. Etwa 30 Minuten ruhen lassen, dann durch ein Seihtuch oder sehr feines Sieb geben, dabei möglichst viel Flüssigkeit auspressen. Das ausgepresste Fruchtfleisch kann für Kuchen oder Kekse verwendet werden.

Kokoscreme: Das Grünteepulver in etwas warmem Wasser auflösen und ziehen lassen. Das Kuzu in einem Mörser pulverisieren.

Kuzu in einem weiten Soßentopf mit etwas kaltem Wasser zu einer Paste verrühren. Kokosmilch, Kokosöl und Jaggery dazugeben und alles gründlich verrühren.

Auf mittlerer Flamme kochen lassen, bis die Flüssigkeit dick wird, dabei ständig mit dem Schneebesen rühren. Nach ungefähr 5 Minuten sollte die Creme andicken. Von der Kochstelle nehmen und weiter schlagen, damit keine Klümpchen bleiben. Die Hitze verringern und weitere 3 bis 4 Minuten köcheln lassen, dabei durchgehend schlagen, bis die Masse glatt und glänzend wird. Von der Kochstelle nehmen und die Grünteepaste einrühren.

Die Creme noch heiß in die Auflaufförmchen füllen. Warm essen oder auf Raumtemperatur abkühlen lassen, sodass die Creme gestürzt und auf einem Teller serviert werden kann.

Für 4 Portionen

Kokosmilch
250 g Kokosraspel oder frisches Kokos-Fruchtfleisch
625 ml Wasser (aufkochen und leicht abkühlen lassen)

Creme
1 Teelöffel gemahlener grüner Tee
60 g Kuzu **(S. 17)**
625 ml Kokosmilch
2 Esslöffel Kokosöl
2 Esslöffel (30 g) Jaggery **(S. 12)**, zerkleinert

Sojasahne

GF ZR NF

Warum gutes Geld für Sojasahne ausgeben? Wussten Sie, wie einfach Sojasahne selbst herzustellen ist? Obendrein ist sie in jedem Fall gesünder als Sahne aus Kuhmilch, da sie ungesättigtes Fett und keinen raffinierten Zucker enthält. Für die Zubereitung ist ein Stabmixer ideal. Wenn die Sahne im Standmixer oder in der Küchenmaschine gerührt wird, ist es möglicherweise schwierig zu erreichen, dass sie dick wird. Manche Sojamilchsorten eignen sich besser zum Sahne machen als andere. Probieren Sie also eine andere Marke aus, wenn Sie Mühe haben, die Sahne dickflüssig werden zu lassen.

Die Sojamilch mit dem Ahornsirup bzw. Agavendicksaft und der Vanille in einem hohen, schmalen Gefäß verschlagen, in den ein Stabmixer hineinpasst. Den Mixer auf den Boden des Gefäßes halten und einschalten. Den Mixer laufen lassen, das Gefäß festhalten und das Öl zunächst tropfenweise, dann in einem dünnen Faden hineinlaufen lassen.

Das hört sich ganz so an, als wenn drei Hände gebraucht werden, und falls ein eventueller Helfer in der Nähe ist, spannen Sie ihn auf jeden Fall ein. Aber mit etwas Übung haben Sie den Bogen schnell raus. Durch das Hinzufügen des Öls wird die Sahne dickflüssig.

Wenn Sie das Rezept für dickflüssige Sahne machen, kommt es Ihnen vielleicht zunächst so vor, als wenn sie gar nicht weiter andickt, bis plötzlich mit noch ein paar zusätzlichen Tropfen Öl die Sahne doch noch anzieht.

Für einen Becher Sahne (250 ml)

Dickflüssige Sahne
80 ml Sojamilch – hier muss es Sojamilch sein – Reis- oder Hafermilch dickt nicht an.
160 ml mildes Öl, z. B. Sonnenblumenöl
1 Esslöffel Ahornsirup oder Agavendicksaft
½ Teelöffel Vanilleextrakt

Dünnflüssige Sahne
125 ml Sojamilch
125 ml Öl
1 Esslöffel Ahornsirup oder Agavendicksaft
½ Teelöffel Vanilleextrakt

Cashewsahne

GF ZR R

Cashewkerne, Agavendicksaft, Wasser, Vanillemark und Salz im Standmixer vollkommen glatt pürieren. Das Kokosfett bei laufendem Rührwerk dazugeben. Kühl stellen.

Für einen Becher Sahne (125 ml)

140 g Cashews (ein oder zwei Stunden einweichen)
2 Esslöffel Agavendicksaft
125 ml Wasser
Mark einer Vanilleschote, Prise Salz
1 Esslöffel geschmolzenes Kokosfett

Vanillepudding

GF ZR NF

Ich weiß, dass manch eine oder manch einer Pudding richtig mit Eiern und Milch zubereitet, aber genau genommen rühren die meisten nur fertiges Puddingpulver mit Zucker und Milch an. Fast jedes Puddingpulver ist vegan, man könnte es also mit einer beliebigen pflanzlichen Milch anrühren, die man gern mag. Eine Alternative ist diese preiswertere Version, die die gleichen Zutaten enthält wie Puddingpulver, abgesehen vom gelben Farbstoff, den ich durch Kurkuma (Gelbwurz) ersetzt habe.

Maisstärke, Zucker, Vanille und Kurkuma mit einem kleinen Teil der Milch in einem großen Krug oder einer Schale zu einem Brei verrühren. Die restliche Milch in einem beschichteten Kochtopf über mittlerer Flamme erhitzen, bis sie dampft, aber noch nicht kocht. Die heiße Milch unter Rühren zu dem Brei aus Stärke und Zucker gießen. Die Flüssigkeit zurück in den Topf geben und zum Kochen bringen, dabei ständig rühren. Den Pudding bei kleiner Flamme unter ständigem Rühren etwa 2 Minuten kochen lassen, damit die Stärke aufgekocht wird und der Pudding andickt. Rühren Sie sorgfältig, da Pudding leicht anbrennt.

Für 500 ml

- 2–3 Esslöffel Maisstärke, je nachdem, wie fest der Pudding werden soll
- 1–2 Esslöffel Zucker
- 1 Teelöffel Vanilleextrakt oder Mark einer Vanilleschote
- 1 Prise Kurkuma
- 500 ml Pflanzenmilch

Schokoladenganache

GF NF

Das ist meine absolute Lieblings-Kuvertüre für Eis oder auf Cupcakes, Brownies, Keksen oder Haferschnitten. Im Kühlschrank wird die Ganache fest und kann dann zu Trüffeln verarbeitet werden – einfach Kugeln formen und in Kakao wälzen. Bestimmte Mitglieder meiner Familie wurden schon dabei erwischt, wie sie mit dem Löffel oder gar mit dem Finger an die Schale gegangen sind, wenn sie auf der Suche nach Inspirationen in den Kühlschrank geguckt haben.

Schokolade im Wasserbad schmelzen (siehe S. 32). Leicht abkühlen lassen und inzwischen die anderen Zutaten abmessen und in eine kleine Rührschüssel für die Küchenmaschine oder in einen Krug für den Stabmixer geben. Dann die Schokolade dazugeben und etwa eine Minute alles verschlagen, sodass eine dickflüssige, glänzende Ganache entsteht.

Wenn ein großer Kuchen damit überzogen werden soll, die Ganache sofort über den Kuchen gießen, sodass der Guss über den Rand läuft und an den Seiten in breiten, nach unten schmaler werdenden Tropfen erstarrt. Bei kleinen Kuchen oder Riegeln kann die Ganache als dünner Faden mit einem Löffel über das Gebäck gegeben werden. Wenn die Ganache im Kühlschrank gelagert werden soll, gießen Sie sie in das Gefäß, in dem Sie die Schokolade geschmolzen haben. Um sie wieder zu verflüssigen, das Gefäß einfach wieder über einen Topf mit siedendem Wasser hängen.

Für etwa ½ Liter

2 Tafeln (200 g) Schokolade (in Stücke zerbrochen)
160 ml Sojamilch
2 Esslöffel Ahornsirup
1 Teelöffel Vanilleextrakt

Schoko-Creme-Sauce

Wesentlicher Bestandteil von Cornett-oh! **(S. 165)** *und super für alle möglichen Nachspeisen geeignet, enthält dabei wenig Fett und weniger Zucker als viele ähnliche Saucen.*

Zucker, Kakao und Pfeilwurzelmehl in einem Krug oder einer Schale vermengen und mit einem kleinen Teil der Milch zu einem Brei verrühren. Den Rest der Milch in einem beschichteten Soßentopf erhitzen. Wenn sie dampft, aber noch nicht kocht, zu der angerührten Zucker-Kakao-Mischung geben, dabei ständig rühren. Die Flüssigkeit zurück in den Topf gießen und auf kleiner Flamme erhitzen, dabei weiter ständig rühren, bis die Sauce anzieht. Vanille und Salz dazugeben und gründlich unterrühren.

Für etwa ½ Liter

100 g Zucker
30 g Kakao
2 Teelöffel Pfeilwurzelmehl
250 ml Soja- oder Reismilch
1 Teelöffel Vanilleextrakt, Prise Salz

Schnelle Schokoladensauce

Ähnlich wie Ganache, aber schneller zuzubereiten. Eignet sich prima als Sauce zum Eis für die Zubereitung in letzter Minute.

Die Sojamilch vorsichtig erhitzen. Wenn sie dampft, aber noch nicht kocht, von der Kochstelle nehmen und die Schokolade hineinrühren. Ahornsirup oder Agavendicksaft dazugeben und rühren, bis die Schokolade geschmolzen ist.

Für etwa 180 ml

60 ml Sojamilch
75 g zerkleinerte Schokolade
1 Esslöffel Ahornsirup oder Agavendicksaft

Rohe Schokoladensauce

Super als Garnierung für Eis oder Kuchen – oder in warmer Mandelmilch als leckere Trinkschokolade. Diese rohe Schokoladensauce braucht nicht speziell für Rohkostspeisen vorgesehen zu werden – sie wird immer gern gegessen.

Kakao, Zimt und Salz vermengen. Nach und nach den Sirup in die Kakaomischung einrühren, sodass eine glatte Paste entsteht. Vanilleessenz hinzufügen und Wasser dazugeben, bis die gewünschte Konsistenz erreicht ist. Die Sauce hält sich im Kühlschrank ewig lange.

Für 60 ml

30 g Rohkakao
eine winzige Prise Zimt,
  eine winzige Prise Salz
2 Esslöffel Ahornsirup
  oder Agavendicksaft
½ Teelöffel Vanilleextrakt

Kapitel neun
Süße Naschereien

Wenn es ums Naschen geht, ist die traurige Wahrheit, dass Veganer wirklich zu kurz kommen. Je nachdem, von welcher Seite man dies betrachtet, kann das natürlich gut oder schlecht sein. Einerseits kann man sich als Veganer nicht mal eben eine Tafel Schokolade greifen, wenn man im Supermarkt oder in der Tankstelle an der Kasse wartet. Andererseits ist man nicht *jedes* Mal, wenn man im Supermarkt oder in der Tankstelle an der Kasse wartet, in Versuchung, sich eine Tafel Schokolade zu greifen und vermeidet dadurch einen übermäßigen Konsum von gesättigten Fetten, raffiniertem Zucker und künstlichen Zusatzstoffen.

Und wenn man als Veganer den Aufwand nicht scheut, selbst etwas zu naschen zuzubereiten, dann stellt man Süßigkeiten aus hochwertigen Zutaten her, die umso besser schmecken. Hier ist eine wundervolle Auswahl an gesunden und nicht ganz so gesunden Leckerbissen für besondere Gelegenheiten, Parties oder für einfach nur so.

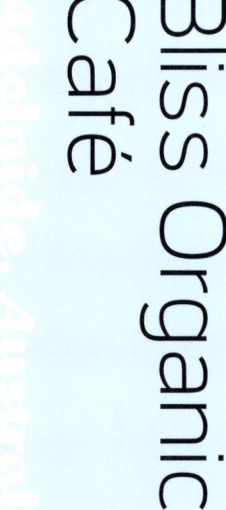

Bliss Organic Café
Adelaide, Australien

Nachdem ich nach Adelaide gezogen war, suchte ich im Internet nach veganen Restaurants und nach einer Möglichkeit, Yoga zu machen. Ich hatte das Gefühl, es war Magie im Spiel, als ich auf das Bliss stieß, ein veganes Bio-Café, bei dem sich in der oberen Etage das Centre-Om-Yogastudio befand! In den nächsten Monaten waren meine Familie und ich sehr häufig im Bliss zu Gast. Wir fühlten uns in dem schönen Gartenhof sehr wohl und genossen das gesunde Essen und die entspannte Atmosphäre. Wir waren von alldem so angetan, dass wir anboten, das Café zu übernehmen, als uns zu Ohren kam, dass die Besitzer es abgeben wollten. Wir betrieben das Bliss etwas über ein Jahr lang. Es war eine herrliche Zeit, in der wir wunderbare Menschen kennenlernten, vegane Gerichte entwickelten und viel mit veganen Lebensmitteln experimentierten. Und wir lernten schnell die Freuden und die Stolperfallen kennen, die mit dem Betrieb eines kleinen Unternehmens in Australien verbunden sind.

Als wir das Café an die neuen Besitzer abgaben, geschah das mit Traurigkeit und Erleichterung zugleich. Es war ein gutes Gefühl, dass wir unsere beiden Kinder (die zu Hause unterrichtet wurden) nicht mehr vernachlässigen mussten, und dass wir nun manchmal freie Tage haben würden, aber das geliebte Bliss wird immer einen Platz in meinem Herzen haben. Die neuen Besitzer, Kas und Shane, bringen die gleiche Leidenschaft und Hingabe für das Café mit und bieten weiterhin hausgemachtes veganes Essen an, das außerdem nach Möglichkeit aus der Region, aus biologischem Anbau und aus fairem Handel stammt. Auf der Karte stehen leckere Angebote zum Frühstück, hausgemachte Burger, Curries, Suppen, Salate und Gebäck, Fairtrade-Kaffee und Tee aus Bio-Anbau, köstliche heiße Schokolade und Chai sowie eine Auswahl an frisch gepressten Säften und Smoothies. Außerdem gibt es ein großes Angebot an Rohkost. Das Café ist auch durch Filmveranstaltungen, Livemusik und monatliche Kunstausstellungen ein Anlaufpunkt. Und man kann sich dort hervorragend mit Bedarf für die vegane Küche versorgen – vom Kochbuch über veganen Käse bis zur Schokolade.

Bliss Organic Café
7 Compton St
Adelaide
Australien
Tel: +61 (0) 8 8231 0205

www.blissorganiccafe.com.au

Energiebällchen à la Bliss

GF ZR R

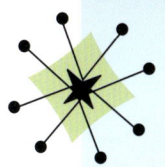

Diese Energiebällchen sind eine rohe, nicht zu süße, sättigende Leckerei. Sie sind einfach und schnell herzustellen und enthalten so viele exzellente Zutaten, dass man sie getrost als Superfood in Kugelform bezeichnen kann.

Die Mandeln kurz in der Küchenmaschine zerkleinern, die Datteln dazugeben und erneut kurz zerkleinern, dann die Pflaumen hinzufügen und wieder zerkleinern. Es ist wichtig, die Zutaten in dieser Reihenfolge zu verarbeiten, um die richtige Konsistenz zu erreichen. Wenn die Früchte gut zerkleinert sind, werden die Walnüsse, die Kerne und die Kokosraspel dazugegeben und alles weiter gemixt. Zum Schluss das Carob unterrühren. Die Masse sollte dunkel, klebrig und leicht formbar sein.

2–3 Esslöffel Kokosraspel in ein Schälchen geben. Die Masse mit den Händen zu Kugeln etwa in Golfball-Größe formen und in den Kokosraspeln wälzen.

Die Bliss-Energiebällchen halten sich bis zu einer Woche lang sehr gut.

Für ca. 24 Stück

- 140 g Mandeln
- 320 g Datteln, entsteint, zerschnitten
- 320 g Trockenpflaumen, entsteint, zerschnitten
- 100 g Walnüsse
- 75 g Sonnenblumenkerne
- 75 g Kürbiskerne
- 35 g Sesam
- 25 g Kokosraspel (frisch oder getrocknet)
- 30 g Carobpulver oder Rohkakao oder eine Mischung aus beidem
- 2–3 Esslöffel Kokosraspel (frisch oder getrocknet), zum Wälzen

Variationen

- Cashewkerne oder Haselnüsse (anstelle der Walnüsse – oder eine Mischung)
- Probieren Sie als Überzug auch Kakaopulver, Carobpulver, gemahlene Nüsse, Mohn oder Sesam statt der Kokosraspel

Weinbrandtrüffel

GF NF

Die Trüffel sind ein schönes Geschenk, falls man es fertigbringt, sie wegzugeben.

Die Schokolade zusammen mit dem Streichfett im Wasserbad schmelzen **(siehe S. 32)**. Das Mark aus der Vanilleschote schaben und mit der leeren Schote in die Milch geben. Die Milch in einem kleinen Topf bei niedriger Flamme etwa 2 Minuten erhitzen, sodass das Vanillearoma in die Milch übergeht. Die Milch soll nicht kochen. Von der Kochstelle nehmen und etwas abkühlen lassen.

Wenn die Schokolade geschmolzen ist, das Gefäß aus dem heißen Dampf nehmen und ebenfalls etwas abkühlen lassen. Die leere Vanilleschote aus der Milch entfernen und gegebenenfalls den Weinbrand o. Ä. einrühren.

Die Milch zu der Schokolade geben. Alles gründlich verrühren. Die Masse in eine große Glas- oder Porzellanschale gießen und durch Kühlen fest werden lassen.

Das Kakaopulver auf einen Teller sieben. Mit einem Teelöffel »Locken« von der Trüffelmasse schaben und sie vorsichtig zu Kugeln formen, dabei nicht zu fest drücken. Die Trüffelkugeln locker im Kakao wälzen. Im Kühlschrank aufbewahren.

Für ca. 24 Trüffel

- 3½ Tafeln (350 g) Schokolade
- 2 Esslöffel (30 g) milchfreies Streichfett
- Mark einer Vanilleschote
- 125 ml Sojamilch
- 2 Esslöffel Weinbrand, Rum o. Ä. (nach Wunsch)
- 2 Esslöffel Kakaopulver

Aprikosen und Dateln für die Weihnachtszeit

GF ZR R

Diese hübschen, kleinen orientalischen Süßigkeiten lassen sich schön auf einer Servierplatte anrichten und stellen auch die allergrößten Naschkatzen zufrieden.

Für die Herstellung der Aprikosen zunächst die Mandeln für etwa 2 Minuten in kochendes Wasser geben. Danach lässt sich die Haut leicht abziehen. Die gehäuteten Mandeln auf ein Backblech legen und ca. 7–10 Minuten rösten, bis sie hellbraun werden. Abkühlen lassen. Wenn Sie eine Rohkost-Zubereitung machen wollen, verwenden Sie einfach rohe, ungehäutete Mandeln. Zwölf der Mandeln grob zerkleinern und mit den klein geschnittenen Pflaumen, Zimt und Ahornsirup vermengen. In einer separaten Schale die gehackten Pistazien mit dem Sesam mischen. Die Aprikosen seitlich aufschlitzen und auseinander ziehen, sodass eine Tasche entsteht. Die Aprikosen jeweils mit einem Löffel von der Pflaumenmischung füllen. In der Pistazien-Sesam-Mischung wälzen und oben eine ganze Mandel hineinstecken.

Um die Datteln zuzubereiten, zuerst die Datteln sorgfältig längs aufschneiden und den Stein entfernen. Jeweils einen halben Teelöffel Tahini und eine Paranuss hineingeben. Die Datteln wieder etwas zusammendrücken und auf einem Teller anordnen. Falls gewünscht, die Schokolade im Wasserbad schmelzen **(siehe S. 32)** und die Datteln damit beträufeln. Fest werden lassen.

Für je 12 Stück

Aprikosen
24 ganze Mandeln
50 g essfertige Trockenpflaumen, fein zerschnitten
1 Teelöffel gemahlener Zimt
2 Esslöffel Ahornsirup
30 g Pistazien, fein gehackt
1 Esslöffel Sesam
12 essfertige getrocknete Aprikosen

Datteln
12 Medjool-Datteln
2 Esslöffel Tahini
12 große Paranüsse
¼ Tafel (25 g) Schokolade (nach Belieben, für ZR- oder R-Version weglassen)

{ E-Herd 170°C
Gasherd Stufe 3 }

Panforte

GF

Es gibt Unmengen von Geschichten über die Ursprünge des Panforte, aber diese hier gefällt mir am besten: In einem Kloster im Siena des 13. Jahrhunderts musste eine Nonne feststellen, dass Mäuse alle Säcke mit Lebensmitteln in der Vorratskammer angeknabbert hatten und nun Nüsse, Trockenobst, Zucker und Gewürze in einem großen Haufen durcheinander lagen. Sie beschloss, alles zu einem Kuchen zu verbacken, statt die Nahrungsmittel einfach wegzuwerfen. Und so entstand der Panforte. Den hygienischen Aspekt hier mal außer Acht gelassen, spricht diese Geschichte wohl meine Wegwerf-Vermeidungs-Mentalität an – ich bin immer dafür, aus den Resten im Vorratsregal etwas Leckeres zu zaubern. Bevor Sie sich über meinen Vorschlag aufregen, Honig zu verwenden, lesen Sie bitte auf Seite 11 nach, was ich dazu zu sagen habe. Wenn es Ihnen lieber ist, verwenden sie Agavendicksaft oder Ahornsirup. Panforte hält sich gut in Backpapier eingeschlagen mehrere Wochen lang.

Eine runde Kuchenform (Durchmesser 23 cm) einfetten und mit Backpapier auslegen.

Die Sultaninen bzw. Rosinen etwa eine Stunde in dem Weinbrand oder Orangensaft einlegen. Die Hälfte der Mandeln ganz lassen, die andere Hälfte sowie die Haselnüsse grob zerkleinern.

Nüsse, gemahlene Mandeln, Zitronat, Orangeat, Gewürze und abgeriebene Zitronenschale in einer großen Schüssel gründlich vermischen. Die eingeweichten Sultaninen/Rosinen dazugeben.

Den Zucker mit dem Honig, Agavendicksaft oder Ahornsirup bei kleiner Flamme erhitzen, bis der Zucker schmilzt, dann stärker erhitzen, sodass die Masse kräftig Blasen schlägt. Zwei Minuten bei der Temperatur kochen lassen (falls Sie ein Zuckerthermometer haben, die Temperatur soll 115°C betragen). Von der Kochstelle nehmen und die Nüsse-Rosinen-Mischung hinzugeben. Alles rasch und gründlich vermengen und die Masse dann in die Backform geben. Teig glatt streichen – am besten mit einem Löffel, der zwischendurch in ein Gefäß mit heißem Wasser getaucht wird.

Etwa 30 Minuten backen und in der Form auf einem Gitter auskühlen lassen. Nach dem Abkühlen stürzen. Mit Puderzucker bestreut servieren.

Für 10–12 Portionen

- 120 g Sultaninen oder Rosinen
- 1 Esslöffel Weinbrand oder Orangensaft
- 100 g Mandeln, gehäutet und geröstet **(siehe S. 18)**
- 100 g Haselnüsse, geröstet und ohne Haut **(siehe S. 18)**
- 70 g gemahlene Mandeln
- 170 g zerkleinertes Zitronat und Orangeat
- 1 Teelöffel Zimt
- ¼ Teelöffel Gewürzmischung, z. B. Lebkuchengewürz
- 2 gemahlene Gewürznelken
- 1 Teelöffel Zitronenschale
- 130 g brauner Zucker
- 125 ml Honig, Agavendicksaft oder Ahornsirup
- Puderzucker zum Best

{ E-Herd 150°C
Gasherd Stufe 2 }

Puffreis-Knusperhappen

Dieses Rezept ist eine echte englisch-australische Kreuzung. Von der englischen Seite hat es die echte Schokolade sowie den hellen Sirup, der die Knusperhappen schön klebrig macht. Von der australischen Seite stammen die Kokosraspel und der Kakao. Das weiße, gehärtete Fett, das in australischen Rezepten normalerweise verwendet wird, wird hier durch viel gesünderes milchfreies Streichfett ersetzt, und die Sultaninen sorgen für etwas Biss.

Eine Muffinform mit Papierformen auslegen.

Die Schokolade im Wasserbad schmelzen **(siehe S. 32).** Das Streichfett in einem weiten Topf schmelzen, anschließend den Sirup hinzufügen. Wenn auch der Sirup geschmolzen ist, Kakao und eine Prise Salz dazugeben und alles gut verrühren. Von der Kochstelle nehmen und die Schokolade einrühren. Die übrigen Zutaten in die Flüssigkeit geben und alles gründlich vermengen. In die Papierformen füllen und im Kühlschrank fest werden lassen.

Für 12 Portionen

1 Tafel (100 g) Schokolade, zerkleinert
100 g milchfreies Streichfett
60 ml heller Sirup
30 g Kakao
Prise Salz
100 g Puffreis
50 g getrocknete Kokosraspel
75 g Sultaninen

Schoko-Crunch

Nachdem ich dieses Rezept entwickelt hatte, wurde es in unserer Familie schnell zur Lieblingsspeise und wurde mehrmals als Geburtstagskuchen gewünscht, und ein paar Jahre lang war es auch unser Weihnachtskuchen.

Eine rechteckige Form (20 cm x 30 cm) einfetten.

Das Streichfett zusammen mit dem hellen Sirup schmelzen. Von der Kochstelle nehmen. Kakao dazugeben und rühren, bis er sich gelöst hat. Keksbrösel, Rosinen und gehackte Nüsse sorgfältig einrühren. Den Teig in die Form drücken, glatt streichen und kühl stellen, damit er fest wird.

Die Schokolade im Wasserbad schmelzen **(siehe S. 32),** über den Boden geben und durch Schwenken der Form gleichmäßig verteilen. Durch Kühlen wird die Schokolade fest. In kleine Vierecke einteilen.

Für 10-12 Portionen

100 g milchfreies Streichfett
200 g heller Sirup
100 g Kakao
100 g zerbröselte Vollkornkekse
100 g Rosinen oder Sultaninen
50 g gehackte Pekan- oder Walnüsse
1½ Tafeln (150 g) Schokolade

Carobkugeln

Weiche, klebrige, nussige Leckerei voller guter Zutaten.

Ein Backblech mit Pergamentpapier auslegen.

Erdnussmus, Ahornsirup bzw. Agavendicksaft, Tahini und Salz in einem weiten Kochtopf bei niedriger Flamme schmelzen lassen. Anschließend die übrigen Zutaten einrühren.

Mit den Händen zu Kugeln etwa in der Größe eines Golfballs formen. Auf das Backblech legen und kühl stellen.

Für 12–14 Stück

- 150 g Erdnuss- oder Mandelmus
- 80 ml Ahornsirup oder Agavendicksaft
- 2 Esslöffel Tahini, Prise Salz
- 40 g Carobpulver
- 50 g gehackte Walnüsse oder Mandeln
- 35 g Kürbiskerne
- 35 g Sesam
- 35 g Sonnenblumenkerne
- 25 g Kokosraspel
- 40 g Sultaninen oder klein geschnittene Datteln

Rohschokolade

GF ZR R

Rohschokolade hat einen intensiven, aromatischen Geschmack und kann ganz einfach selbst hergestellt werden. Man kann sie einfach als pure Schokolade in Formen beliebiger Größe gießen oder als dünne Schicht auf Backpapier geben und nach dem Erstarren zerkleinern und die Blättchen in Rohkost-Eis rühren **(S. 169)** *oder als Garnierung für Schwarzwälder Kirschtorte* **(S. 50)** *verwenden. Wenn man die Schokolade abwechselnd mit Mandelcreme* **(S. 72)** *in Mini-Kuchenförmchen schichtet, hat man leckere nussige Pralinen. Die Schokolade lässt sich auch mit natürlichem Pfefferminz- oder Orangenextrakt oder mit Likör aromatisieren oder mit gehackten Nüssen oder Trockenfrüchten variieren.*

Die Kakaobutter in einem Glasschälchen im Dörrgerät oder über einer Schüssel mit heißem Wasser schmelzen. Wenn sie geschmolzen ist, erst den Agavendicksaft, dann das Kakaopulver einrühren.

Wenn die Masse anfängt fest zu werden, so ist das kein Grund zur Beunruhigung. Das kann leicht geschehen, aber anders als gewöhnliche Schokolade kann Rohschokolade gerettet werden. Einfach die Schale für einige Minuten zurück in das Dörrgerät bzw. über die Schüssel mit heißem Wasser stellen und dann die Masse wieder schimmernd glatt rühren.

In die gewünschten Formen gießen und zum Erstarren in den Gefrierschrank stellen. Im Kühlschrank oder Gefrierschrank aufbewahren.

40 g Kakaobutter
40 g Roh-Kakaopulver
2 Esslöffel Agavendicksaft

Nahrungsmittel- allergie- Index

Alle Rezepte in diesem Buch sind frei von Tierprodukten wie Eiern, Milchprodukten, Gelatine oder anderen Zusätzen tierischer Herkunft.

Überdies ist ein Teil der Rezepte jeweils für Menschen geeignet, die sich glutenfrei, weizenfrei, zuckerreduziert, nussfrei oder von Rohkost ernähren. Jedes Rezept ist entsprechend gekennzeichnet, und im Folgenden finden Sie für jeden Bereich eine vollständige Liste.

Achten Sie bei der Verwendung vorverarbeiteter Zutaten auf die Zusammensetzung, zum Beispiel bei Sojamilch, Backpulver, Puderzucker und Maisstärke. Viele Produkte enthalten zusätzlich Zucker und nicht glutenfreie Zutaten oder sind nicht mit Sicherheit nussfrei. Prüfen Sie die Zutatenliste sorgfältig und wenden Sie sich im Zweifelsfall zwecks Nachfrage an den Hersteller.

Glutenfrei GF

Amaretto-Peacherines 143
Ananas-Carpaccio »Le Cru« 140
Apfel-Erdbeer-Gelee 147
Aprikosen und Datteln für die Weihnachtszeit 199
Baklava (mit glutenfreiem Teig) 96
Bratäpfel 152
Carobkugeln 205
Cashewsahne 187
Christmas-Pudding (mit glutenfreiem Mehl und Brot) 137
Cornett-oh! 165
Eccles Blätterteiggebäck (mit glutenfreiem Teig) 100
Eis mit Schokosplittern 169
Energiebällchen à la Bliss 195
Englischer Sommerpudding (mit glutenfreiem Brot) 151
Erdbeereis 170
Feigen-Mandel-Pudding nach Art des Hauses Lancrigg 120
Fruchtpasteten-Pies (mit glutenfreiem Teig) 87
Glutenfreier Vanillebiskuit 55
Zen-Zen-Grüntee-Kokoscreme 184
Himbeersorbet 166
Holländische Apfeltorte »De Bolhoed« (mit glutenfreiem Teig) 83
Kokos-Crème-Brûlée 176
Kokos-Reis-Pudding 125
Limettencreme-Törtchen 109
Millennium Mango-Sorbet 159
Millennium Pfefferminzeis mit Schokosplittern 158
Mitternachts-Schokokuchen 105
Panforte 200
Pfirsichtörtchen 99
Pochierte Vanille-Birnen mit Haselnuss-Feigen-Füllung 144
Puffreis-Knusperhappen 203
Pures Schokoladenmousse 179
Rohschokolade 207
Schoko-Pekannuss-Brownies 60
Schokoladen-Mousse-Dessert von In the Raw 175
Schokoladenganache 189
Schokoladensaucen: cremig, schnell, roh 190
Schokoladentorte 46
Schwarzwälder Kirschtorte 50
Siruptorte mit Walnüssen (mit glutenfreiem Teig und Semmelbröseln) 84
Tarte Tatin (mit glutenfreiem Teig) 95
Tiramisu (mit glutenfreiem Biskuit) 113
Ungarische Käsetorte (mit glutenfreiem Teig) 88
Vanilleeis 160
Vanillepudding 188
Vital-Kuchen 49
Weinbrandtrüffel 196
Winterliches Obstkompott 141
Zimt-Apfel-Rosinen-Muffins 64
Zitronen-Himbeer-Trifle (mit glutenfreiem Biskuit) 114
Zitronen-Limetten-Sorbet 166

Weizenfrei WF

ALLE GLUTENFREIEN REZEPTE, UND ZUSÄTZLICH:
Anzac-Kekse 67
Chocolate-Chip-Cookies 74
Doppelstöckige Schokoladentorte mit Himbeermousse von Real Food Daily 33
Energiebündel-Riegel 75
Pflaumen-Pekan-Crumble 126
Steves Haferschnitten 63
Weizenfreier Vanillebiskuit 54

Zuckerreduziert ZR

(weniger als 12g/Portion, siehe S. 11)

Amaretto-Peacherines 143
Anzac-Kekse 67
Apfel-Erdbeer-Gelee 147
Aprikosen und Datteln für die Weihnachtszeit 199
Bratäpfel 152
Carobkugeln 205
Cashewsahne 187
Chocolate-Chip-Cookies 74
Christmas-Pudding 137
Eccles Blätterteiggebäck 100
Eis mit Schokosplittern 169
Energiebällchen à la Bliss 195
Energiebündel-Riegel 75
Englischer Brotpudding mit Butter 133
Englische Scones mit Konfitüre und Sahne 71
Erdbeereis 170
Erdnussbutter-Eis 159
Feigen-Mandel-Pudding nach Art des Hauses Lancrigg 120
Fruchtpasteten-Pies 87
Fünfkorn-Pfannkuchen mit flambierten Bananen 148
Zen-Grüntee-Kokoscreme 184
Holländische Apfeltorte »De Bolhoed« 83
Kokos-Reis-Pudding 125

Limettencreme-Törtchen 109
Mandel-Zitronen-Cantuccini 68
Mangosorbet 159
Möhren-Gewürz-Kuchen 37
Pfirsichtörtchen 99
Pflaumen-Pekan-Crumble 126
Pochierte Vanille-Birnen mit
    Haselnuss-Feigen-Füllung 144
Rohschokolade 207
Sahne 187
Schokoladen-Mousse-Dessert 175
Schwarzwälder Kirschtorte 50
Steves Haferschnitten 63
Vanillepudding 188
Vital-Kuchen 49
Winterliches Obstkompott 141
Zimt-Apfel-Rosinen-Muffins 64

Nussfrei NF

Ananas-Carpaccio »Le Cru« 140
Anzac-Kekse 67
Apfel-Brombeer-Betty 129
Bananen-Karamell-Törtchen »Banoffee« 117
Beerenauflauf 130
Bratäpfel 152
Brotbrösel-Eis 161
Christmas-Pudding 137
Doppelstöckige Schokoladentorte mit
    Himbeermousse von Real Food Daily 33
Drei Arten von Vanillebiskuit 53-55
Eccles Blätterteiggebäck 100
Englischer Brotpudding 124
Englischer Brotpudding mit Butter 133
Englischer Sommerpudding 151
Fünfkorn-Pfannkuchen mit flambierten Bananen 148
Himbeersorbet 166
Hochzeitskuchen 77
Kokos-Crème-Brûlée 176
Käse-Zitronen-Torte New Yorker Art 106

Mangosorbet 159
Pfirsichtörtchen (Amaretto
    und Mandelextrakt weglassen) 99
Pures Schokoladenmousse 179
Sahne 187
Schoko-Pekannuss-Brownies
    (Pekannüsse weglassen) 60
Schokoladenganache 189
Schokoladensaucen: cremig, schnell, roh 190
Schokoladentorte 46
Schokoladentorte mit Beeren »Hello Daddy« 110
Sticky-Date Pudding 123
Tarte Tatin 95
Tiramisu (Amaretto weglassen) 113
Ungarische Käsetorte 88
Vanilleeis 160
Vanillepudding 188
Weinbrand-Trüffel (keinen Likör
    auf Nussbasis verwenden) 196
Winterliches Obstkompott 141
Zitronen-Himbeer-Trifle (Mandeln weglassen) 114
Zitronen-Limtten-Sorbet 166
Zitronensirup-Pudding 134

Rohkost R

Ananas-Carpaccio »Le Cru« 140
Aprikosen und Datteln für die Weihnachtszeit 199
Cashewsahne 187
Eis mit Schokosplittern 169
Energiebällchen à la Bliss 195
Energiebündel-Riegel 75
Erdbeereis 170
Limettencreme-Törtchen 109
Mangosorbet 159
Rohe Schokoladensauce 190
Rohschokolade 207
Schokoladen-Mousse-Dessert 175
Schwarzwälder Kirschtorte 50
Winterliches Obstkompott 141

Stichwortverzeichnis

a

Agar-Agar 16
Allergie-Index 208
Amaretto
   Amaretto-Peacherines 143
   Holländische Apfeltorte »De Bolhoed« 83
   Pfirsichtörtchen 99
Ananas
   Ananas-Carpaccio »Le Cru« 140
Anzac-Kekse 67
Äpfel
   Apfel-Brombeer-Betty 129
   Apfel-Erdbeer-Gelee 147
   Bratäpfel 152
   Christmas-Pudding 137
   Energiebündel-Riegel 75
   Englischer Brotpudding 124
   Fruchtpasteten-Pies 87
   Holländische Apfeltorte »De Bolhoed« 83
   Kokos-Reis-Pudding 125
   Mandel-Zitronen-Cantuccini 68
   Siruptorte mit Walnüssen 84
   Tarte Tatin 95
   Zimt-Apfel-Rosinen-Muffins 64
Aprikosen
   Aprikosen und Datteln für die Weihnachtszeit 199
   Englischer Brotpudding 124
   Fruchtpasteten-Pies 87
   Saftiger Früchtekuchen 42

Aprikosen, (Forts.)
   Steves Haferschnitten 63
   Vital-Kuchen 49
Aprikosen und Datteln für die Weihnachtszeit 199

b

Backpflaumen
   Bratäpfel 152
   Christmas-Pudding 137
   Energiebällchen à la Bliss 195
   Englischer Brotpudding 124
   Vital-Kuchen 49
   Winterliches Obstkompott 141
Baklava 96
Bananen
   Bananen-Karamell-Törtchen »Banoffee« 117
   Erdbeereis 170
   Fünfkorn-Pfannkuchen mit flambierten Bananen 148
   Schoko-
Beeren
   Apfel-BrombeerBetty 129
   Apfel-Erdbeer-Gelee 147
   Beerenauflauf 130
   Doppelstöckige Schokoladentorte mit Himbeermousse von Real Food Daily 33
   Englischer Sommerpudding 151

Beeren, *(Forts.)*
    Erdbeereis 170
    Himbeersorbet 166
    Pochierte Vanille-Birnen mit Haselnuss-Feigen-Füllung 144
    Schokoladen-Mousse-Dessert von In the Raw 175
    Schokoladentorte mit Beeren »Hello Daddy« 110
    Winterliches Obstkompott 141
    Zitronen-Himbeer-Trifle 114
Birnen
    Saftiger Früchtekuchen 42
    Pochierte Vanille-Birnen mit Haselnuss-Feigen-Füllung 144
Biologischer Anbau 6
Bratäpfel 152
Brombeeren
    Apfel-Brombeer-Betty 129
    Beerenauflauf 130
Brot
    Apfel-Brombeer-Betty 129
    Brotbrösel-Eis 161
    Christmas-Pudding 137
    Englischer Brotpudding 124
    Englischer Brotpudding mit Butter 133
    Englischer Sommerpudding 151
    Siruptorte mit Walnüssen 84
Brotbrösel-Eis 161
Blind backen 78

c

Carob 18
    Carobkugeln 205
Cashewkerne 10
    Cashewsahne 187
    Erdbeereis 170
    Limettencreme-Törtchen 109
    Milch 9
    Schokoladen-Mousse-Dessert von In the Raw 175
    Schwarzwälder Kirschtorte 50
Christmas-Pudding 137
Cornett-oh! 165

d

Datteln
    Aprikosen und Datteln für die Weihnachtszeit 199

Datteln, *(Forts.)*
    Bratäpfel 152
    Carobkugeln 205
    Chocolate-Chip-Cookies 74
    Eis mit Schokosplittern 169
    Energiebällchen à la Bliss 195
    Energiebündel-Riegel 75
    Hochzeitskuchen 77
    Limettencreme-Törtchen 109
    Püree 49
    Schwarzwälder Kirschtorte 50
    Steves Haferschnitten 63
    Sticky-Date Pudding mit Karamellsauce 123
    Vital-Kuchen 49
    Zucker 11

e

Eccles Blätterteiggebäck 100
Ei-Ersatz 10
Eis
    Brotbrösel-Eis 161
    Cornett-oh! 165
    Eis mit Schokosplittern 169
    Erdbeereis 170
    herstellen 155
    Millennium Erdnussbutter-Eis mit Schokosplittern 159
    Millennium Pfefferminzeis mit Schokosplittern 158
    Vanilleeis 160
Energiebällchen à la Bliss 195
Energiebündel-Riegel 75
Englischer Sommerpudding 151
Englische Scones mit Konfitüre und Sahne 71
Erdbeeren
    Apfel-Erdbeer-Gelee 147
    Erdbeereis 170
Erdnussbutter
    Carobkugeln 205
    Millennium Erdnussbutter-Eis mit Schokosplittern 159

f

Fairtrade 7, 19
Feigen
    Christmas-Pudding 137

Feigen, *(Forts.)*
  Feigen-Mandel-Pudding nach Art des Hauses Lancrigg 120
  Pochierte Vanille-Birnen mit Haselnuss-Feigen-Füllung 144
Fette und Öle 15–16
  gehärtet 16
  gesättigt 15–16
  milchfreies Streichfett 15
  Pflanzenfett 15
  ungesättigt 16
Fruchtpasteten-Pies 87
Fünfkorn-Pfannkuchen mit flambierten Bananen 148

g

Ganache 189
gehärtetes Fett 16
gesättigte Fettsäuren 15–16
glutenfrei
  Mehl 14, 55, 98
  Rezepte-Index 209–210
  Teig 98
Glykämischer Index 14
Gojibeeren
  Pochierte Vanille-Birnen mit Haselnuss-Feigen-Füllung 144
  Winterliches Obstkompott 141
  Zen-Grüntee-Kokoscreme 184

h

Hafer
  Anzac-Kekse 67
  Chocolate-Chip-Cookies 74
  Energiebündel-Riegel 75
  Hochzeitskuchen 77
  Pflaumen-Pekan-Crumble 126
  Steves Haferschnitten 63
Haselnüsse
  Apfel-Brombeer-Betty 129
  Apfel-Erdbeer-Gelee 147
  Haselnuss-Cupcakes mit Mokkacremefüllung 45
  Milch 9
  Panforte 200
  Pochierte Vanille-Birnen mit Haselnuss-Feigen-Füllung 144

Haselnüsse, *(Forts.)*
  rösten 18
  Schwarzwälder Kirschtorte 50
  Zimt-Apfel-Rosinen-Muffins 64
Heidelbeeren
  Beerenauflauf 130
Himbeeren
  Doppelstöckige Schokoladentorte mit Himbeermousse von Real Food Daily 33
  Himbeersorbet 166
  Zitrone-Himbeer-Trifle 114
Hochzeitskuchen 77
Holländische Apfeltorte »De Bolhoed« 83
Honig 13
  Panforte 200

k

Kaffee
  Aromastoffe 20
  Bananen-Karamell-Törtchen »Banoffee« 117
  Doppelstöckige Schokoladentorte mit Himbeermousse von Real Food Daily 33
  Haselnuss-Cupcakes mit Mokkacremefüllung 45
  Kaffee-Walnuss-Torte 34
  Schokoladentorte 46
  Sticky-Date Puddings mit Karamellsauce 123
  Tiramisu 113
Kakao 18
Käse-Zitronen-Torte New Yorker Art 106
Kekse
  Anzac-Kekse 67
  Chocolate-Chip-Cookies 74
  Mandel-Zitronen-Cantuccini 68
Kirschen
  Christmas-Pudding 137
  Englischer Sommerpudding 151
  Las Vegan Sauerkirsch-Muffins 59
  Schwarzwälder Kirschtorte 50

Kokos
  Anzac-Kekse 67
  Carobkugeln 205
  Cashewsahne 187
  Chocolate-Chip-Cookies 74
  Energiebällchen à la Bliss 195
  Energiebündel-Riegel 75
  junge Kokosnuss, öffnen 175
  Kokos-Crème-Brûlée 176
  Kokos-Reis-Pudding 125
  Limettencreme-Törtchen 109
  Milch 9–10
  Millennium Erdnussbutter-Eis
    mit Schokosplittern 159
  Millennium Pfefferminzeis
    mit Schokosplittern 158
  Öl 16
  Palmzucker 12
  Puffreis-Knusperhappen 203
  Schokoladen-Mousse-Dessert 175
  Schwarzwälder Kirschtorte 50
  Zen-Grüntee-Kokoscreme 184
Kuchen
  Doppelstöckige Schokoladentorte mit
    Himbeermousse von Real Food Daily 33
  Haselnuss-Cupcakes mit Mokkacremefüllung 45
  Kaffee-Walnuss-Torte 34
  Las Vegan Sauerkirsch-Muffins 59
  Möhren-Gewürz-Kuchen 37
  Saftiger Früchtekuchen 42
  Schoko-Mandel-Karamell-Schnitte 72
  Schokoladentorte 46
  Schwarzwälder Kirschtorte 50
  Vanillebiskuit: Grundrezept, weizenfrei,
    glutenfrei 53–55
  Vital-Kuchen 49
Kuzu 16
Kürbiskerne
  Carobkugeln 205
  Energiebällchen à la Bliss 195
  Milch 9
  Steves Haferschnitten 63
  Vital-Kuchen 49

l

Las Vegan Sauerkirsch-Muffins 59
Lebensmittelfarbstoffe 20–21
Lecithin 16–17
Limetten
  Aroma 21
  Limettencreme-Törtchen 109
  Millennium Mangosorbet 159
  Zitronen-Limetten-Sorbet 166

m

Macadamianüsse
  rösten 15
  Schwarzwälder Kirschtorte 50
Maisstärke 16–17
Mandeln
  Baklava 96
  Bratäpfel 152
  Energiebündel-Riegel 75
  Feigen-Mandel-Pudding nach Art
    des Hauses Lancrigg 120
  Fruchtpasteten-Pies 87
  Holländische Apfeltorte »De Bolhoed« 83
  Las Vegan Sauerkirsch-Muffins 59
  Mandel-Zitronen-Cantuccini 68
  Milch 9
  Mitternachts-Schokokuchen 105
  Rösten 18
  Saftiger Früchtekuchen 42
  Tarte Tatin 95
  Vanillebiskuit, Variation mit Mandeln 53
  Vital-Kuchen 49
  Zimt-Apfel-Rosinen-Muffins 64
  Zitronen-Himbeer-Trifle 114
Marzipan
  Saftiger Früchtekuchen 42
Milch
  Hafermilch 10
  Kuhmilch 9
  Nussmilch 10
  Reismilch 10
  Sojamilch 9–10
milchfreies Streichfett 15
Millennium Erdnussbutter-Eis 159
Millennium Mangosorbet 159
Millennium Pfefferminzeis mit Schokosplittern 158
Mitternachts-Schokokuchen 105

Möhren
　Möhren-Gewürz-Kuchen 37

n

Nahrungsmittelallergie-Index 208
Nektarinen
　Amaretto-Peacherines 143
nussfrei
　Rezepte-Index 210
Nüsse, *siehe auch Mandeln, Paranüsse,*
　Cashewkerne, Haselnüsse, Macadamianüsse,
　Pekannüsse, Walnüsse
　Apfel-Brombeer-Betty 129
　Apfel-Erdbeer-Gelee 147
　Aprikosen und Datteln für die Weihnachtszeit 199
　Baklava 96
　Bratäpfel 152
　Carobkugeln 205
　Cashewsahne 187
　Chocolate-Chip-Cookies 74
　Eis mit Schokosplittern 169
　Energiebällchen à la Bliss 195
　Energiebündel-Riegel 75
　Erdbeereis 170
　Feigen-Mandel-Pudding nach Art des Hauses
　　Lancrigg 120
　Fruchtpasteten-Pies 87
　Haselnuss-Cupcakes mit Mokkacremefüllung 45
　Holländische Apfeltorte »De Bolhoed« 83
　Kaffee-Walnuss-Torte 34
　Las Vegan Sauerkirsch-Muffins 59
　Limettencreme-Törtchen 109
　Mandel-Zitronen-Cantuccini 68
　Mitternachts-Schokokuchen 105
　Möhren-Gewürz-Kuchen 37
　Nussmilch 10
　Nüsse einweichen 18
　Nüsse rösten 18
　Panforte 200
　Pflaumen-Pekan-Crumble 126
　Pochierte Vanille-Birnen mit
　　Haselnuss-Feigen-Füllung 144
　Rohkost 17
　Saftiger Früchtekuchen 42
　Schoko-Crunch 204
　Schoko-Mandel-Karamell-Schnitte 72

Nüsse, *(Forts.)*
　Schokoladen-Mousse-Dessert 175
　Schwarzwälder Kirschtorte 50
　Siruptorte mit Walnüssen 84
　Steves Haferschnitten 63
　Tarte Tatin 95
　Vanillebiskuit, Variation mit Mandeln 53
　Vital-Kuchen 49
　Zimt-Apfel-Rosinen-Muffins 64
　Zitronen-Himbeer-Trifle 114

o

Orangen
　Aroma 21
　Feigen-Mandel-Pudding nach Art des Hauses
　　Lancrigg 120
　Vanillebiskuit, Variation mit Orange 53
　Winterliches Obstkompott 141
Öl 15–16

p

Panforte 200
Paranüsse
　Aprikosen und Datteln für die Weihnachtszeit 199
　Chocolate-Chip-Cookies 74
　Eis mit Schokosplittern 169
　Energiebündel-Riegel 75
　Limettencreme-Törtchen 109
　Milch 9
　Steves Haferschnitten 63
Peacherines
　Amaretto-Peacherines 143
Pekannüsse
　Pflaumen-Pekan-Crumble 126
　rösten 18
　Schoko-Crunch 204
　Schoko-Mandel-Karamell-Schnitte 72
Pfefferminze 20
Pfeilwurzelmehl 16
Pfirsichtörtchen 99
Pies
　Baklava 96
　Bananen-Karamell-Törtchen »Banoffee« 117
　Eccles Blätterteiggebäck 100
　Fruchtpasteten-Pies 87
　Holländische Apfeltorte »De Bolhoed« 83

Pies, (Forts.)
  Pfirsichtörtchen 99
  Schokoladentorte mit Beeren »Hello Daddy« 110
  Siruptorte mit Walnüssen 84
  Tarte Tatin 95
  Ungarische Käsetorte 88
Psyllium 17
Puffreis-Knusperhappen 203
Pures Schokoladenmousse 179

r

Rohkost
  Doppelstöckige Schokoladentorte mit
    Himbeermousse von Real Food Daily 33
  Rezepte-Index 210
  Rohschokolade 207
Rosinen
  Bratäpfel 152
  Chocolate-Chip-Cookies 74
  Christmas-Pudding 137
  Englischer Brotpudding mit Butter 133
  Fruchtpasteten-Pies 87
  Holländische Apfeltorte »De Bolhoed« 83
  Kokos-Reis-Pudding 125
  Möhren-Gewürz-Kuchen 37
  Panforte 200
  Schoko-Crunch 204
  Steves Haferschnitten 63
  Vital-Kuchen 49
  Zimt-Apfel-Rosinen-Muffins 64

s

Saftiger Früchtekuchen 42
Sahne
  Cashew 187
  Soja 187
Salz 21
Schoko-Mandel-Karamell-Schnitte 72
Schokolade 18–20
  Aprikosen und Datteln für die Weihnachtszeit 199
  Chocolate-Chip-Cookies 74
  Cornett-oh! 165
  Doppelstöckige Schokoladentorte mit
    Himbeermousse von Real Food Daily 33
  Eis mit Schokosplittern 169
  Haselnuss-Cupcakes mit Mokkacremefüllung 45
  Millennium Erdnussbutter-Eis
    mit Schokosplittern 159
  Millennium Pfefferminzeis mit Schokosplittern 158
  Mitternachts-Schokokuchen 105
  Pochierte Vanille-Birnen mit
    Haselnuss-Feigen-Füllung 144
  Puffreis-Knusperhappen 203
  Pures Schokoladenmousse 179
  Rohe Schokoladensauce 190
  Rohschokolade 207
  schmelzen 32
  Schnelle Schokoladensauce 190
  Schoko-Creme-Sauce 190
  Schoko-Crunch 204
  Schoko-Mandel-Karamell-Schnitte 72
  Schokoladen-Mousse-Dessert 175
  Schokoladenganache 189
  Schokoladentorte 46
  Schokoladentorte mit Beeren »Hello Daddy« 110
  Schwarzwälder Kirschtorte 50
  Tiramisu 113
  Vanillebiscuit, Variation mit Kakao 53
  Weinbrandtrüffel 196
Schokoladentorte mit Beeren »Hello Daddy« 110
Schwarzwälder Kirschtorte 50
Sonnenblumenkerne
  Carobkugeln 205
  Energiebällchen à la Bliss 195
  Energiebündel-Riegel 75
  Milch 9
  Steves Haferschnitten 63
  Vital-Kuchen 49
Sorbet
  Ananas-Carpaccio »Le Cru« 140
  Herstellung 155
  Himbeersorbet 166
  Millennium Mangosorbet 159
  Zitronen-Limetten-Sorbet 166
Steves Haferschnitten 63
Sticky-Date Pudding mit Karamellsauce 123
Sultaninen
  Bratäpfel 152
  Carobkugeln 205
  Chocolate-Chip-Cookies 74
  Christmas-Pudding 137
  Energiebündel-Riegel 75

Sultaninen, *(Forts.)*
  Englischer Brotpudding 124
  Englischer Brotpudding mit Butter 133
  Fruchtpasteten-Pies 87
  Kokos-Reis-Pudding 125
  Möhren-Gewürz-Kuchen 37
  Panforte 200
  Pochierte Vanille-Birnen mit Haselnuss-Feigen-Füllung 144
  Puffreis-Knusperhappen 203
  Saftiger Früchtekuchen 42
  Schoko-Crunch 204
  Steves Haferschnitten 63
  Vital-Kuchen 49
  Winterliches Obst-Kompott 141

t
Tarte Tatin 95
Tiramisu 113
Tofu 10
  Doppelstöckige Schokoladentorte mit Himbeermousse von Real Food Daily 33
  Haselnuss-Cupcakes mit Mokkacremefüllung 45
  Schokoladentorte 46
Trockenfrüchte, *siehe auch Aprikosen, Datteln, Feigen, Gojibeeren, Pflaumen, Rosinen, Sultaninen*
  Aprikosen und Datteln für die Weihnachtszeit 199
  Bratäpfel 152
  Carobkugeln 205
  Chocolate-Chip-Cookies 74
  Christmas-Pudding 137
  Dattelpüree 49
  Eccles Blätterteiggebäck 100
  Eis mit Schokosplittern 169
  Energiebällchen à la Bliss 195
  Energiebündel-Riegel 75
  Englischer Brotpudding 124
  Englischer Brotpudding mit Butter 133
  Feigen-Mandel-Pudding nach Art des Hauses Lancrigg 120
  Fruchtpasteten-Pies 87
  Hochzeitskuchen 77
  Holländische Apfeltorte »De Bolhoed« 83
  Kokos-Reis-Pudding 125
  Limettencreme-Törtchen 109
  Möhren-Gewürz-Kuchen 37

Trockenfrüchte, *(Forts.)*
  Panforte 200
  Pochierte Vanille-Birnen mit Haselnuss-Feigen-Füllung 144
  Saftiger Früchtekuchen 42
  Schoko-Crunch 204
  Schwarzwälder Kirschtorte 50
  Steves Haferschnitten 63
  Sticky-Date Pudding mit Karamellsauce 123
  Vital-Kuchen 49
  Winterliches Obstkompott 141
  Zimt-Apfel-Rosinen-Muffins 64

u
Ungarische Käsetorte 88
ungesättigte Fettsäuren 16

v
Vanille 20
  drei Arten von Vanillebiskuit: Grundrezept, weizenfrei, glutenfrei 53–55
  Extrakt 20
  Pochierte Vanille-Birnen mit Haselnuss-Feigen-Füllung 144
  Vanilleeis 160
  Vanillepudding 188
Veganismus 4–5
  gesundheitliche Vorteile 4–5
  und Tierschutz 4–5
  und Umwelt 5
Vital-Kuchen 49
Vollkornprodukte 14–15

w
Walnüsse
  Baklava 96
  Carobkugeln 205
  Energiebällchen à la Bliss 195
  Energiebündel-Riegel 75
  Kaffee-Walnuss-Torte 34
  Möhren-Gewürz-Kuchen 37
  Schoko-Crunch 204
  Schoko-Mandel-Karamell-Schnitte 72
  Siruptorte mit Walnüssen 84
  Steves Haferschnitten 63
Weinbrand-Trüffel 19 6

weizenfrei
    Rezepte-Index 209
Winterliches Obstkompott 141

3

Zimt-Apfel-Rosinen-Muffins 64
Zitronen
    Aroma 21
    Käse-Zitronen-Torte New Yorker Art 106
    Mandel-Zitronen-Cantuccini 68
    Ungarische Käsetorte 88
    Vanillebiskuit, Variation mit Zitrone 53
    Zitronen-Himbeer-Trifle 114
    Zitronen-Limetten-Sorbet 166
    Zitronensirup-Pudding 134
zuckerreduziert
    Rezepte-Index 209–210
Zucker und Süßungsmittel 11–14
    Agavendicksaft 13
    Ahornsirup 13
    Ahornzucker 12
    Aspartam 14
    Brauner Reissirup 13
    Brauner Zucker 12
    Dattelzucker 12
    dehydrierter Rohrzuckersaft 12
    Fruchtmus 13
    Fruchtsaft, konzentrierter 13
    Fruktose 12
    Gerstenmalzsirup 13

Zucker und Süßungsmittel, (*Forts.*)
    heller Sirup 14
    Honig 13
    Isomalt 14
    Jaggery 12
    Kokoszucker 12
    Maissirup 14
    Maltitol 14
    Muscovado 12
    Niedriger Zuckergehalt: Rezepte-Index 209–210
    Puderzucker 13
    Rapadurazucker 12
    Richtwerte 11
    Rohrohrzucker, dunkel 12
    Rohrohrzucker, hell 12
    Saccharin 14
    Sorbitol 14
    Stevia 14
    Sucanat 12
    Sucralose 14
    vegane Zuckerproduktion 11–12
    Xylitol 14
    zentrifugierter Turbinadozucker 12
Zuckersirup 166

Über die Autorin

Aus Lisa Fabrys Begeisterung für die beiden wesentlichen Dinge in ihrem Leben – Ernährung und Yoga - hat sich ihre Lebensauffassung einer „himmlisch veganen" Lebensweise entwickelt, bei der die praktischen Ernährungsentscheidungen mit ethisch-moralischem und spirituellem Bewusstsein verknüpft sind.

Lisa Fabry wurde in London geboren und lebt heute in Adelaide in Australien. Sie war berufstätig als Film- und Fernsehproduzentin, Autorin, Herausgeberin, Barista, Köchin und Yogalehrerin. Zwischendurch hat sie ihre beiden Töchter selbst unterrichtet und ein veganes Bio-Café betrieben.
Besuchen Sie Lisa Fabrys Internetseite www.divinevegan.com.

Weitere Werke im Narayana Verlag

Brendan Brazier

Vegan in Topform – Leitfaden

Der vegane Ernährungsratgeber für Höchstleistungen in Sport und Alltag
Die Thrive – Diät des berühmten kanadischen Triathleten
360 Seiten, geb., € 26.-

Brendan Brazier, kanadischer Triathlet und Ironman, ist ein führender Pionier für vegane Ernährung. Dieses Werk ist ein Kultbuch der weltweiten Veganbewegung. Im Laufe seiner Karriere erforschte er minutiös, welche Ernährung seine Leistung und vor allem die Regenerationsphase optimierte. Das Ergebnis ist die legendäre Thrive-Diät, die bereits viele Spitzensportler zu einer olympischen Medaille geführt hat. Die Thrive-Diät richtet sich nicht nur an Profisportler, sondern an jeden, der optimale Gesundheit und Leistungsfähigkeit erlangen und Krankheiten vorbeugen möchte.

Brendan Brazier hat die vegane Ernährung revolutioniert und achtet dabei auf eine ausgewogene Kost mit ausreichend Proteinen und anderen Nährstoffen. Hier setzt er auch auf Superfood wie die Andenwurzel Maca, die legendäre Alge Chlorella oder das nahrhafte Hanfprotein.

Die Thrive-Diät führt zum Abbau von Körperfett und Aufbau von Muskelmasse, zu Leistungssteigerung, weniger Stress und Heißhunger auf Junkfood, geistiger Klarheit und besserem Schlaf.

Mit 100 veganen, gluten- und sojafreien Rezepten, von schnell zubereiteten Energieriegeln, Gels und Drinks über Suppen und Pizza bis zu leckeren Desserts. Mit einem praktischen 12-Wochen-Plan zum Einstieg in die Thrive-Diät.

„Vegan in Topform ist ein Muss!"   Prof. Colin Campbell   Bestseller-Autor von „China Study"

Brendan Brazier

Vegan in Topform – Das Kochbuch

200 pflanzliche Rezepte für optimale Leistung und Gesundheit
400 Seiten, geb., € 29.-

In diesem Kochbuch belegt Brazier, dass nährstoffreiche pflanzliche Nahrung die beste Art proaktiver Gesundheitsvorsorge und nachhaltigen Umweltschutzes gleichzeitig ist. Aber das ist noch nicht alles. Sein Kochbuch bietet 200 Rezepte für nährstoffreiche Gerichte, die leicht zuzubereiten sind und sich die Kraft von Supernahrungsmitteln wie Maca, Chia, Hanf und Chlorella zunutze machen, ohne auf übliche allergieauslösende Produkte wie Weizen, Hefe, Gluten, Soja, Milchprodukte und Mais zurückzugreifen.

Mit Rezepten gefeierter amerikanischer Küchenchefs (unter anderem Tal Ronnen und Chad Sarno) und ausgezeichneten Restaurants (Millennium, Candle 79).

»Das Buch, das Ihr Leben wahrscheinlich mehr verändern wird als jedes andere, das Sie je lesen. Zur Maximierung von Fitness und Vitalität gibt es nichts, was ›Vegan in Topform‹ gleichkommt.«
Erik Marcus, Herausgeber von Vegan.com

Joel Fuhrman
EAT TO LIVE
Das bahnbrechende Ernährungskonzept für schnellen und anhaltenden Gewichtsverlust
340 Seiten, geb., € 18,50

EAT TO LIVE bietet eine höchst effiziente, wissenschaftlich nachgewiesene Methode, um schnell abzunehmen. Der Schlüssel zu Dr. Fuhrmans revolutionärem Sechswochenplan ist einfach: Gesundheit = Nährstoffe/Kalorien

Ist das Verhältnis von Nährstoffen zu Kalorien hoch, nimmt man ab. Je mehr nährstoffreiche Lebensmittel man isst, umso weniger Verlangen hat man nach Fett, Süßigkeiten und hochkalorischem Essen.

EAT TO LIVE beinhaltet auch inspirierende Erfolgsgeschichten von Menschen, die das Programm genutzt haben, um schockierende Mengen an Gewicht zu verlieren und von lebensbedrohlichen Krankheiten geheilt zu werden. Aktuelle Forschungsergebnisse stützen Dr. Fuhrmans Konzept. Mit EAT TO LIVE werden Sie mehr Gewicht verlieren können, als Sie je für möglich gehalten hätten – und das dauerhaft, garantiert Dr. Fuhrman. Der Plan ist so flexibel, dass man essen kann, ohne das Gefühl zu haben, dass etwas fehlt.

Mit vielen Rezepten und Farbfotos.

Kristin Kimball
Das dreckige Leben
340 Seiten, geb., € 19,80

Für Schriftstellerin Kristin Kimball, ein Single über dreißig, war ihr Leben in New York ein Abenteuer. Sie spürte jedoch, wie der Wunsch nach einer Familie und einem Heim begann, in ihr aufzukeimen. Durch ein Interview, das sie mit einem jungen dynamischen Farmer führte, veränderte sich ihr Leben von Grund auf. Kristin wusste nichts über Gemüseanbau, und erst recht nichts über Schweine–, Rinder- und Zugpferdezucht. Aus einem Impuls heraus ließ sie die Stadt hinter sich, um auf 500 Hektar mit diesem Mann eine neue Farm aufzubauen. Das dreckige Leben ist die fesselnde Chronik ihres ersten Jahres auf der Essex Farm, vom kalten Nordwinter bis zur folgenden Erntesaison – einschließlich ihrer Hochzeit auf dem Heuboden.

»In dem Maße wie man das Land durch die Bewirtschaftung transformiert«, schreibt sie, »wird man selbst durch sie transformiert.« In ihrem früheren Leben ging Kimball bis vier Uhr in der Früh aus, trug hohe Absätze und eine Handtasche. Jetzt wacht sie um vier Uhr auf, trägt Overalls und ein Taschenmesser. Auf der Essex Farm entdeckt sie die Freuden anstrengender körperlicher Arbeit, sie lernt, dass gutes Essen die Grundlage für ein gutes Leben ist. Sie verliebt sich hoffnungslos und findet am Ende zu der Aufgabe und Hingabe, nach der sie sich gesehnt hatte, bei einem Mann, in einer Kleinstadt und auf einem wunderschönen Stück Land.

Alexander Pollozek / Dominik Behringer

Die zeitlose Ayurveda-Küche

Heilkraft unserer Nahrung
400 Seiten, geb., € 39.-

Dieses Buch, wertvoller Wegweiser, unverzichtbares Nachschlagewerk, Therapeutenratgeber, Lektüre und genussvoller Rezeptelieferant zugleich beherzigt die Heilkraft der Nahrung in der Ayurvedaküche auf besondere Weise. Alexander Pollozek und Dominik Behringer betrachten den Ayurveda aus ihrem jeweiligen therapeutischen

Blickwinkel und führen ihre langjährigen Erfahrungen als Therapeut bzw. Koch in diesem Buch zusammen. „Jeder kann auf der Klaviatur der alten ayurvedischen Kochkunst spielen, sie erlernen, praktizieren und verfeinern", versprechen die beiden Experten. So wird tägliches Kochen mit guten Produkten, frischen Kräutern und feurigen Gewürzen zu einem wichtigen Beitrag der Selbstheilung bzw. Eigentherapie.

Nach dem umfangreichen Einführungsteil in die Ursprünge, Prinzipien und die spirituellen Hintergründe des Ayurveda weisen die Autoren in die Energetik der Nahrung ein. Wie eine Offenbarung lesen sich die Nahrungsmittellisten, die Einteilung in Stoffwechseltypen, Monodiäten, die übersichtlichen Tabellen mit den Vata-, Pitta-, Kapha bzw. Triguna-Analogien, wie auch die Tabukombinationen, die Goldenen Essregeln und die Grundregeln der sattvischen Küche.

Rosina Sonnenschmidt

Die Saft-Therapie

Rohsäfte, Smoothies und Latte macchiati
120 Seiten, geb., € 29,50

Dass frisch gepresste Obst- und Gemüsesäfte gesund sind, ist durch viele Bücher belegt. Hier geht es aber um den gezielten therapeutischen Wert und Einsatz frisch gepresster Säfte als Teil einer ganzheitlichen Behandlung.

Interessant ist, um wie viel besser homöopathische Mittel wirken, wenn durch die Obst-Rohsäfte die Reinigung von Blut, Lymphe und Gewebe angeregt wird und wenn durch die Gemüse-Rohsäfte der entkräftete Organismus aufgebaut wird. Außer Rohsäften werden auch Dicksäfte therapeutisch eingesetzt. Die Rohsaft-Therapie spielt auch eine dominante Rolle bei Gewichtsproblemen, ob Adipositas, Magersucht oder Kachexie. Anhand von häufigen Krankheiten werden Rohsaft-Rezepte vorgestellt und durch spezielle naturheilkundliche Kuren ergänzt.

Das Buch dient sowohl dem ganzheitlich behandelnden Therapeuten für die tägliche Praxis als auch jedem Menschen, der vorbeugend die Heilkraft der Rohsäfte einsetzen möchte, um das Immunsystem stabil zu halten.

Christiane Maute

Homöopathie für Pflanzen

Ein praktischer Leitfaden für Zimmer-, Balkon- und Gartenpflanzen – mit Hinweisen zur Dosierung, Anwendung und Potenzwahl.
168 Seiten, geb., € 24,-

Christiane Maute ist eine der Vorreiterinnen, die bereits vor zehn Jahren begann, die Nutz- und Zierpflanzen in ihrem Garten homöopathisch zu behandeln. Ob bei Blattflecken-Krankheit der Rosen, Braunfäule der Tomaten, Feuerbrand an Obstbäumen, Blattläusen, Kräusel-Krankheit, Krebs, Mehltau, Monilia-Fruchtfäule, Schneckenbefall, Sternrußtau oder schwachem Wachstum – Frau Maute erläutert zu den häufigsten Erkrankungen die wichtigsten homöopathischen Mittel.

Auch bei Folgen von Frost, Hagelschäden, Verletzungen, Nässestau, Schnittwunden nach Baum- und Strauchschnitt, Sonneneinstrahlung, Hitzeschäden und Umtopfen sind die Anweisungen von Frau Maute klar und auch für Laien leicht umsetzbar. Die meisten Erkrankungen sind mit Bildern dargestellt und werden kurz erklärt, damit auch ein Nicht-Fachmann per Blickdiagnose die Erkrankung erkennen kann und leicht zum richtigen Mittel findet. Genau beschrieben sind Dosierung und Art der Anwendung. Eine kurze, übersichtliche Arzneimittellehre rundet das Werk ab.

Ein besonders für Hobbygärtner geeigneter Ratgeber, der durch Übersichtlichkeit besticht und auch Nicht-Homöopathen schnell zu begeisterten Anwendern werden lässt.

Friedl Weber

Faul & Fit

JIN SHIN JYUTSU mit Hand und Fuß
88 Seiten, kart., € 12,80

Friedl Weber stellt in diesem Büchlein die japanische Heilkunst JIN SHIN vor: Trotz Alltagsstress und Termindruck, ganz nebenbei mit einfachen Hand und Fußgriffen können Sie sich von Spannungen und Schmerzen befreien. Häufig sind es Berührungen, die man aus der Kindheit kennt oder die man automatisch ohne Wissen um ihre Wirkung anwendet.

So schiebt man beispielsweise unbewusst eine Hand unter den Po oder setzt sich auf einen Fuß. Mit dieser Berührung wird die Muskelregeneration angeregt, der Organismus kommt in Schwung und man baut sogar Fett ab. Das nennt man „Jogging des faulen Mannes". Auch schon das sanfte Umschließen eines Fingers reicht aus, um den Energiefluss im Organismus anzuregen.

Überall kann man diese kleinen Übungen einsetzen. Wie schnell kommt es im Urlaub zu einem Sonnenbrand, zu Durchfall oder Verstopfung. Dann können Sie eine oder beide Hände anlegen und die Heilung setzt ein. So einfach und verständlich wie die Übungen selbst, ist auch dieses Büchlein. Ein wertvoller Schatz, mit dem es spielend gelingt, beim richtig Faulsein fit zu werden.

Unimedica

Blumenplatz 2, D-79400 Kandern
Tel: +49 7626-974970-0, Fax: +49 7626-974970-9

info@unimedica.de

In unserer Online-Buchhandlung

www.unimedica.de

führen wir alle deutschen, englischen und französischen
Bücher zur Homöopathie und Naturheilkunde.
Es gibt zu jedem Titel aussagekräftige Leseproben.

Auf der Webseite gibt es ständig Neuigkeiten zu aktuellen Themen,
Studien und Seminaren mit weltweit führenden Homöopathen, sowie
einen Erfahrungsaustausch bei Krankheiten und Epidemien.